Aries

La mejor guía para este asombroso signo del zodíaco

Tabla de contenidos

Introducción

Desde tiempos inmemoriales, los humanos se han sentido atraídos por el cielo y los astros. Como civilización, siempre tuvimos la curiosidad y las ganas de explorar el vasto espacio que rodea la Tierra en la que vivimos. El movimiento de estrellas y planetas es fascinante. En un intento por comprender lo desconocido, nuestros antepasados comenzaron a mapear las posiciones y movimientos de todo lo que sucedía en los cielos. Esta fascinación ha crecido con el tiempo.

¿Está familiarizado con la frase "Como es arriba, es abajo"? Se refiere a una estrecha conexión entre el reino celestial y físico y los resultados de esa conexión. Sugiere que los movimientos de los planetas y las estrellas ejercen una influencia en la vida humana y en todos nuestros asuntos.

Vivimos en un mundo extremadamente ajetreado y complicado que pone gran énfasis en la verdad científica y el descubrimiento. A pesar de todos estos avances, seguimos buscando nuestro propósito. Cuando estamos rodeados de decisiones, ¿cómo sabemos que estamos tomando las decisiones correctas? ¿A qué estamos destinados? ¿Cuál es nuestro propósito en esta Tierra? Estas son preguntas en las que todos pensamos de vez en cuando. Si todo esto te suena familiar, una respuesta simple es mirar hacia las estrellas.

Este llamado a encontrar el propósito de nuestra vida no puede responderse con ciencia. Requiere una comprensión más profunda del cosmos, y aquí es donde la astrología entra en escena.

Si está fascinado por la astrología y desea aprender más sobre el primer signo del zodíaco, Aries, este es el libro perfecto para usted. A menudo se hace referencia a la astrología como el lenguaje de las estrellas. Redescubrir la sabiduría ancestral de la astrología lo ayudará a tener una mejor idea de sí mismo y de los demás en la vida. Vivir en un mundo impredecible no es fácil. Es hora de rectificar esto profundizando en el fascinante mundo de las estrellas, los planetas y los cielos.

Este libro le enseñará todo lo que necesita saber sobre el primer signo del calendario zodiacal, Aries, desde los conceptos básicos como el signo, símbolo, elementos y planetas regentes hasta colores favorables y piedras preciosas para Aries. Una vez que comprenda los conceptos básicos, aprenderá sobre los rasgos de personalidad, incluidas las fortalezas y debilidades. Esta es la guía ideal para aprender sobre este maravilloso signo. Descubrirá información que lo ayudará a comprender en profundidad a Aries, como su compatibilidad con otros signos, consejos para una mejor vida amorosa y cómo mantener relaciones románticas saludables.

Si alguna vez se ha preguntado acerca de las mejores opciones profesionales disponibles para Aries o del entorno laboral ideal, no busque más porque este libro tiene todas las respuestas. También incluye información completa sobre el niño Aries y todo lo que buscan en la vida. Si usted o alguien querido por usted es un Aries, tomó la decisión correcta al elegir este libro. Una vez que tenga una comprensión profunda de este signo del zodíaco, será más fácil entenderlo y desmitificar su personalidad.

¿Está ansioso por comenzar? ¡Ya es hora! Después de todo, a Aries le encantan las acciones y los resultados rápidos. Canalice su arriano interior y aprenda más sobre sí mismo, su potencial y todo lo que la vida tiene reservado para usted.

Capítulo 1: Introducción a Aries

El primer símbolo astrológico del zodíaco es Aries. Todos los nacidos entre el 21 de marzo y el 19 de abril pertenecen a esta casa del zodíaco. Está representado por el carnero cornudo y está gobernado por el planeta Marte. Aries representa nuevos comienzos y una energía ardiente. Si miras hacia el cielo nocturno, distinguir la constelación de Aries no es difícil.

Las personas con fechas de nacimiento cercanas a la intersección de dos signos del zodíaco se conocen como signos cúspides. Hay dos cúspides para cada zodíaco. Para Aries, corresponden la cúspide Aries-Tauro y la cúspide Piscis-Aries. La cúspide Aries-Tauro cae entre el 17 y el 23 de abril. La cúspide Piscis-Aries se encuentra entre el 17 y el 23 de marzo. Dado que estos individuos "en la cúspide" nacen cerca de la intersección de los dos zodíacos, a menudo comparten los rasgos exhibidos por ambos signos. Por ejemplo, un individuo nacido el 18 de abril comparte los rasgos tanto de Aries como de Tauro.

Aprender astrología es divertido y sencillo. Todo lo que se necesita es un poco de tiempo y atención. Antes de profundizar en los detalles sobre la personalidad de Aries y sus características, es importante comprender los conceptos básicos asociados con esta personalidad astrológica.

Símbolos

El carnero simboliza a Aries. Dado que es el primer signo del zodíaco, el posicionamiento también es simbólico. Simboliza el liderazgo y la intención de ser pionero. Los puntos positivos asociados con Aries incluyen innovación, inspiración, coraje, audacia, espontaneidad e iniciación. Siempre les gusta ir primero, no dudan en tomar la iniciativa, empujar hacia adelante y seguir adelante incluso frente a los obstáculos.

¿Sabías que el término Aries deriva del latín de carnero? También hace alusión a un ariete. Un ariete era una herramienta utilizada en la guerra antigua y medieval para romper las defensas de un oponente. El equivalente astrológico del equinoccio de primavera es cuando el sol está a 0° en relación con Aries. Simboliza el comienzo del año astrológico. El símbolo de Aries está vinculado a la primavera, el cambio, la nueva vida y los nuevos comienzos.

El glifo de Aries se asemeja a una sola línea dividida en dos. Parece representar los cuernos de un carnero, aunque hay varias interpretaciones sobre lo que representa el glifo. Una interpretación sugiere que el glifo se asemeja a un nuevo brote que ha atravesado la superficie de la tierra a principios de la primavera. Una señal de nuevos comienzos y vida. Las semillas, en cierto modo, se abren camino a través de las capas de la Tierra para dar lugar a nuevas vidas. Estos pequeños y tiernos brotes están superando varios obstáculos como la tierra, las raíces de los árboles e incluso las rocas para empujarse hacia arriba y hacia afuera de la tierra. Esto es un símbolo del viaje que Aries emprende en sus vidas.

Aries está asociado con el fuego, por lo que se presume que es la primera chispa de la creación a través de nuevas ideas y conceptos. Ciertos signos del zodíaco están asociados con múltiples símbolos. Por ejemplo, el signo zodiacal Escorpio se correlaciona con una araña, un escorpión, una serpiente e incluso un fénix, pero Aries está asociado con un solo signo y símbolo. Esta simplicidad, en sí misma, es un símbolo de Aries. Debajo de esta simplicidad se encuentra un poder crudo y directo que ayuda con cada nuevo comienzo.

Otra interpretación es que el glifo hace alusión a las trompas de Falopio. No es una coincidencia ni una idea descabellada que este símbolo se asocie con la reproducción. Con "reproducción" no me refiero solamente a dar a luz a una nueva vida, sino también ideas. Los Aries son extremadamente creativos y tienen una imaginación maravillosa. La idea de una nueva vida puede referirse también a nuevas experiencias, viajes, creatividad y aventura. Entonces, la asociación entre un símbolo de fertilidad y el glifo de Aries es una combinación perfecta.

Ahora, aprendamos sobre el papel del carnero en el antiguo Egipto y Grecia. El carnero estaba asociado con el poder y la fertilidad. Se pensaba que era un animal sagrado en diferentes culturas antiguas, especialmente en Grecia y Egipto. Según un antiguo mito griego, Poseidón, el dios del mar, tomó la forma de un carnero. Se cree que engendró un carnero alado de dorado. La diosa Néfele apareció como un carnero alado para salvar a su hijo Frixo y llevarlo a un lugar seguro. Para evitar ser sacrificado, Frixo devolvió el carnero a Poseidón. Tras su sacrificio, el carnero fue inmortalizado en los cielos como la constelación de Aries. Hay varias versiones de este mito, esta es solo una versión.

Los carneros se consideraban sagrados y se usaban como animales del templo en el antiguo Egipto. Los arqueólogos han descubierto varias piezas de arte egipcio hechas con carneros. Por ejemplo, en el templo de Karnak en la antigua Tebas (actual Luxor) hay toda una avenida de corderos que conduce a la entrada principal del templo. Los dioses del antiguo Egipto, como el dios del sol, Amon-Ra, a menudo se representaban con cuernos o incluso con la cabeza de un carnero.

Elementos

Piense en aquello que lo distingue de todos los demás. O tal vez pregúntese un rasgo de personalidad que lo haga verdaderamente único. Quizás los demás aprecien su gran creatividad. O tal vez lo critiquen por ser agresivo o terco. Independientemente de todo esto, el significado de los elementos en astrología juega un papel importante en su personalidad en general. El universo está hecho de energía, y esta fluye constantemente entre todo lo que está presente en él. Incluso la ciencia apoya esta afirmación y sugiere que la energía no se puede crear ni destruir. La energía solo puede transformarse. Todos somos parte del mismo universo y nuestra electricidad es un reflejo de la estructura energética del cosmos.

Los cuatro elementos de la astrología son fuego, tierra, agua y aire. Estos elementos están presentes en todo y están muy vivos, pero estos elementos juegan un papel importante en nuestras vidas. La medida en que un elemento astrológico influye en nuestra vida está determinada por toda la actividad celestial que tiene lugar en el momento exacto del nacimiento. Es la ley de la naturaleza que las cosas estén en equilibrio. El concepto de yin y yang está en todas partes.

De manera similar, cada elemento tiene un yin y un yang correspondientes. Yin describe la energía femenina, mientras que Yang representa la energía masculina. Lograr un equilibrio entre el yin y el yang es esencial para el bienestar físico, emocional y espiritual.

Hay doce signos en el zodíaco y cada uno de estos elementos va acompañado de tres signos. Se cree que el fuego y el aire son elementos masculinos, mientras que el agua y la tierra son los femeninos. La energía femenina es más nutritiva y sensual, mientras que el lado masculino representa la comunicación y la acción.

Comprender estos elementos le da una mejor idea de su personalidad y enfoque general de la vida. El fuego es el elemento asociado con Aries. Es un símbolo de creación, pasión e inmensa energía. Cuando se creó el universo, se cree que el elemento inicial fue el fuego. El fuego gobierna a Leo, Sagitario y Aries. El entusiasmo y la pasión desmesurados son representativos de este elemento. Te hace competitivo y extremadamente activo.

En el lado negativo, también puede volverlo irascible e impaciente. Es posible aprovechar su niño interior cuando canaliza este elemento. El fuego también es fuente de confianza. A medida que lea más sobre el signo zodiacal Aries, podrá ver la asociación entre los elementos y los rasgos generales de personalidad. Todo en astrología está intrincadamente conectado.

Planeta regente

El planeta que emana un impacto significativo en un zodíaco específico se conoce como su planeta regente. Esta relación entre signos y planetas es un aspecto central de la astrología. Cada planeta tiene su propio conjunto de propiedades únicas e influye directamente en los rasgos y características de todos los nacidos bajo el signo regido por dicho planeta. Si te tomas un momento, te darás cuenta de que todos los planetas llevan el nombre de dioses romanos. Las historias de estos dioses te ayudarán a comprender la influencia significativa que tienen en los signos que gobiernan.

El planeta Marte rige a Aries. ¿Sabía que Marte era el dios romano de la guerra? En la antigua Grecia, se le conocía como Ares. Bueno, ahora parece obvio de dónde obtiene el nombre del planeta. Este dios romano se ha vuelto bastante popular hoy en día gracias a la reciente película de La Mujer Maravilla. En el mundo antiguo, Marte era considerado uno de los cuatro dioses poderosos. Las otras tres figuras poderosas de la mitología griega son Minerva, la diosa de la sabiduría, Venus, la diosa del amor y Discordia, la diosa del caos.

Marte es el dios de la guerra, por lo que este planeta está vinculado al coraje, la actividad física y la acción. También significa temperamento rápido, inmensa fuerza física y coraje para defender lo que uno cree. Estos factores tienen un efecto significativo en la atracción, el romance y el curso de su historia. Aprender sobre su planeta regente le permitirá aprovechar ese poder para tener éxito en los diferentes aspectos de su vida. Veamos el planeta regente de Aries.

Puede ser aterrador y preocupante darse cuenta de que su planeta regente está asociado con la ira y la violencia. Para ser justos, ¿quién querría realmente ser gobernado por la agresión? No se preocupe, porque hay varios puntos positivos sobre el dios de la guerra. Una lucha no siempre tiene que ser física. El hecho de que un planeta agresivo te gobierne no significa que te involucrarás en peleas físicas.

En su verdadero sentido, Marte se trata de luchar por todo aquello en lo que crees. Está asociado con la valentía y el honor. Recuerde, la idea moderna de guerra es bastante diferente a la que prevalecía en la antigua Roma. Los antiguos romanos creían que la guerra se trataba tanto de disciplina y fuerza como de destruir y aniquilar al otro bando. Las connotaciones modernas de la guerra son negativas, pero no siempre fue así.

Según los textos astrológicos antiguos, se hacía referencia a Marte como el planeta de la pequeña desgracia. Antes de comenzar a preocuparse por esto, es importante comprender el contexto y lo que realmente significa. No tenga la idea errónea de que Marte traerá discordia e infelicidad a su mundo. Una pequeña desgracia no significa necesariamente que vaya a experimentar varias desgracias en su vida. Una pequeña desgracia puede referirse a su mal genio o una pequeña discusión. Ahora que está consciente de lo que significa, simplemente debe tener cuidado. Controlar su temperamento es una habilidad importante para la vida, así que dedique tiempo a eso.

¿Alguien le ha dicho alguna vez que tiene mal genio? Quizás lo llamen obstinado, discutidor o extremadamente obstinado. ¿Hay casos en los que experimente una ira extrema, como si estuviera a punto de estallar? No lo considere una desventaja. En cambio, aprenda a aprovecharlo. Aproveche el poder de la ira y diríjala hacia cosas positivas. Recuerde, la pequeña desgracia mencionada en los textos astrológicos se hará realidad solo si permites que estos sentimientos dominen tus acciones.

Este planeta tiene que ver con el liderazgo. A lo largo de la historia, varios líderes como Otto Von Bismarck, Eva Perón y Al Gore fueron gobernados por Marte. Marte trae consigo agresividad, valentía y ambición. Necesita todas estas cosas si quiere ser un líder. Le autoriza a expresar sus opiniones sin retroceder. ¿Recuerda que se mencionó que la guerra no tiene que ser

invariablemente por violencia? Defender todo en lo que cree, a pesar de las opiniones

contradictorias, es una demostración de fuerza.

En el lado negativo, sus opiniones no siempre tienen que ser correctas. Marte no es conocido por su imprudencia. Incluso si cree que tiene razón, es probable que no valga la pena lanzarse a una discusión sin pensarlo previamente. Dedique tiempo y aprenda a contener sus opiniones controvertidas. Busque formas diplomáticas de expresión sin recurrir a la agresión.

La energía de Marte es tradicionalmente masculina. Describe la pasión y el deseo de uno. Estas dos características se filtrarán en sus relaciones íntimas y en su vida amorosa. Desde la perspectiva de los planetas, cualquier persona gobernada por Venus es una pareja perfecta. Según la mitología griega antigua, Marte y Venus eran amantes. Venus exuda energía femenina, lo que la convierte en la combinación perfecta para la contraparte masculina de Marte. No significa que Marte solo esté asociado con los hombres. Tanto hombres como mujeres tienen energía masculina en ellos. Después de todo, las energías masculina y femenina son dos caras de la misma moneda. Son el yin y el yang de la naturaleza. Cualquiera puede usar su fuerza masculina interior para expresar sus opiniones y respaldarlas.

Marte también está asociado con la fuerza física. Esta es la razón por la que Aries es físicamente más enérgico que otros zodiacos. No significa que todos los nacidos bajo el signo estén destinados a ser fisicoculturistas. Simplemente significa que tienes mayor fuerza física y resistencia. Aproveche la energía de Marte y transfórmese en su mejor versión.

Colores

Los colores juegan un papel importante en nuestro estado de ánimo y actitud generales hacia la vida. ¿Alguna vez notó que opta por colores brillantes cuando está de buen humor y tonos apagados cuando se siente con poca energía? Hacemos esto inconscientemente. Según la astrología, ciertos colores ayudan a aprovechar la energía, mientras que otros apagan un poco la chispa. Los colores también pueden brindarle el impulso adicional de confianza necesario para vivir la vida.

Aries no oculta sus pasiones. Son confiados y seductores. La ardiente personalidad de Aries, gobernada por Marte, está estrechamente asociada con los colores representativos del fuego. El rojo puede ser el color inicial que aparece en su cabeza cuando piensa en el fuego, pero varios otros colores funcionan bien para Aries. El color berenjena o naranja sanguínea ofrecen energía positiva que les da el poder necesario para superar cualquier tarea desafiante incluso cuando no quieren hacerlo. Por lo tanto, la próxima vez que se sienta con poca energía o agotado, intente usar estos colores.

Otro color apropiado para un Aries es el rosa. El color rosa ayuda a las personas a llevarse bien entre sí. Dado que los arianos son naturalmente extrovertidos y amigables, el rosa realza sus aspectos positivos. La energía pacífica y generosa del rosa equilibra la agresividad de un Aries. Ahora, volvamos a la paleta de colores del fuego. Se presume que el naranja es el presagio de buena suerte y es muy adecuado para este signo. El naranja evita que absorba las energías negativas mientras aprovecha su energía personal y lo dirige hacia la buena fortuna en la vida. Otros colores ardientes son el amarillo y el rojo.

El rojo se asocia con coraje, entusiasmo, pasión y éxito. El éxito genera un sentimiento de felicidad y mantiene a las personas motivadas para seguir adelante y seguir con lo que están haciendo. Cuando está constantemente haciendo cosas que ama o está participando de tareas que disfruta, automáticamente siente pasión y el color rojo aprovecha esta intensidad. Los Aries son valientes y corajosos por naturaleza. El rojo ayuda a amplificar estos sentimientos y a canalizar la energía en la dirección correcta.

Todos estos cuatro rasgos son esenciales para un Aries si no quiere sentirse estancado. Tanto si pertenece al zodíaco Aries como si no, el amarillo es un color que le ayuda a abrirse a los demás. Hablar sobre un tema complejo o un tema que le molesta se vuelve más fácil con este color. Abrirse emocionalmente no siempre es fácil. Todos necesitamos coraje y mucha introspección para hacer esto. El amarillo ofrece la energía positiva necesaria para hacer esto.

Hasta ahora, solo hemos mencionado colores oscuros y brillantes. El blanco también se asocia con un fuego ardiente. El blanco y el crema equilibran la energía ardiente de un Aries. Siempre que se sienta abrumado o sobreestimulado, la inclusión de estos colores puede brindarle energía relajante.

Cuando se trata de colores asociados con el zodíaco, no es necesario que los use. Pueden ser parte de cualquier accesorio que lleve e incluso incluirse en tu entorno. Dependiendo de su estado de ánimo y la intensidad que desee canalizar, elija los diferentes colores que se comentan en esta sección. Una forma sencilla de incluir todos los colores es mediante el uso de piedras asociadas a ellos.

Piedras preciosas

El universo entero está hecho de energía. Los cristales y las piedras preciosas están llenos de energía universal. Las piedras preciosas no solo son preciosas y bonitas, sino que también son fuentes de energía desaprovechada. Las frecuencias únicas emitidas por diferentes cristales ayudan a mantener y equilibrar sus campos de energía personales.

Se pueden utilizar para aprovechar la energía cósmica. Dependiendo del zodíaco, pueden utilizarse diferentes piedras preciosas para cada signo. Esta sección analiza las piedras preciosas que pueden amplificar los puntos positivos de Aries y superar sus puntos negativos.

Diamante

Es posible que haya escuchado la frase "Los diamantes son el mejor amigo de una chica". Bueno, no solo de mujeres. El diamante es la piedra de nacimiento de Aries. Todos los diamantes ayudan a mejorar las propiedades de Aries, pero los diamantes blancos son sus aliados más poderosos. Traen consigo una sensación de claridad que ayuda a calmar la mente ocupada de un Aries. Esta claridad le permite ver a través de toda la confusión y distracciones y encontrar la capacidad de concentrarse en las cosas que importan. El diamante no es solo una piedra preciosa, sino que también actúa como una metáfora. El diamante es la sustancia más dura conocida por el hombre, y así es como parecen ser los arianos en la superficie. A pesar de su exterior duro, un diamante brilla intensamente y es hermoso.

Otra metáfora que me viene a la mente sobre los diamantes es "Un diamante en bruto". Los diamantes sin pulir rara vez reciben una segunda mirada. Los átomos de carbono forman diamantes en el interior de la Tierra debido al gran calor y presión. Del mismo modo, si un Aries está dispuesto a aprender de sus experiencias de vida, también se convertirá en un diamante. Con un poco de pulido y cincelado, un diamante en bruto obtiene su brillo. La misma analogía se aplica a todos los que comparten este signo del zodíaco. Se necesita habilidad, paciencia y determinación para pulir a un ariano y convertirlo en una hermosa joya. Incluso si son ásperos en los bordes, Aries ciertamente trae consigo un brillo único y brillante al mundo.

Aguamarina

La aguamarina es una piedra de agua, y es útil para domar la naturaleza ardiente de Aries. Provoca una sensación de flexibilidad en la vida de un Aries. Les ayuda a ir con el flujo de las mareas de la vida.

Amatista

Cuando Aries pone su mente en algo, no para hasta lograrlo. Este enfoque puede producirse a expensas de uno mismo y de los demás también. La amatista irradia un sentimiento de semejanza espiritual a todos sus esfuerzos y proyectos. Ayuda a establecer un mejor sentido de equilibrio en sus vidas y a canalizar sus ambiciones de manera saludable.

Cornalina

La energía ardiente de la cornalina es una combinación perfecta para la energía ardiente presente dentro de un Aries. Si hubiera casos en los que se sintiera como si estuviera perdiendo su energía, la cornalina le será útil. La pasión y el coraje son las dos energías que se pueden aprovechar con esta piedra. Si su energía ardiente está al máximo, tenga cuidado con esta piedra. El exceso de energía ardiente puede volverlo egocéntrico y evitar que vea sus metas como son. La mejor combinación es utilizar una cornalina con una aguamarina o un cuarzo transparente.

Ónix

La personalidad a todo vapor de un Aries se realza aún más con el ónix. Les ayuda a ver nuevos conocimientos y garantiza que sus acciones se originen en un lugar de fortaleza personal. La energía que ofrece la piedra se equilibra y se centra, lo que es útil porque esta personalidad puede sobrecargarse y calentarse un poco. Cualquier temor que pueda estar frenando a un Aries también puede superarse con la energía curativa del ónix negro.

Cuarzo transparente

El cuarzo transparente es un cristal curativo. Como sugiere su nombre, esta piedra aporta claridad. La pasión y la ambición son dos rasgos asociados con Aries. El cuarzo transparente ayuda a traer una sensación de calma y claridad para que Aries avance en la dirección correcta para lograr sus objetivos sin olvidarse de los demás. Lo mejor del cuarzo transparente es que se puede combinar fácilmente con cualquier otro cristal. La energía proporcionada por todos los demás cristales se puede aprovechar y amplificar mediante el uso de cuarzo transparente.

Citrino

Dado que Aries se trata de nuevos comienzos, es importante encaminar sus energías en la dirección correcta. El citrino ayuda a amplificar la energía de manifestación inherente de Aries. Aceptar críticas no es el punto fuerte de este signo. El citrino proporciona la energía necesaria para aceptar las críticas de forma positiva y realizar los cambios necesarios en función de la información que reciben.

Jaspe rojo

Pensar antes de actuar no es el fuerte de Aries. Esta piedra les ayudará con esa debilidad. Ofrece vitalidad y niveles de energía increíbles que pueden nutrir y apoyar la energía de un Aries cuando se sienta agotado.

Granate

Según el Zodíaco convencional, el granate es la piedra asociada con Aries. Sus propiedades curativas incluyen éxito, fuerza y coraje. Dado que estos son rasgos asociados con un Aries, se magnifican aún más con la energía del granate. También protege al siempre confiado Aries de aquellos que podrían engañarlo. Se cree que es una piedra de vitalidad y ofrece la energía necesaria para perseguir nuevas ideas y generar nuevos comienzos.

Esmeralda

Los nuevos comienzos requieren una gran cantidad de esperanza. Las esmeraldas otorgan esta esperanza necesaria. La piedra se conoce popularmente como la piedra de la prosperidad. La energía motivadora de la esmeralda está asociada con la positividad, que es necesaria para el pensamiento de avance de un Aries.

Cuarzo rosa

Los arianos son extremadamente apasionados. Esta piedra provoca sentimientos de amor incondicional y altruismo. Ayuda a equilibrar la naturaleza agresiva de un Aries con sus energías sutiles y puras.

Aries a través de las 12 casas del zodíaco

Es importante conocer las distintas casas de la astrología. El zodíaco está dividido en doce casas, y un signo diferente gobierna cada una. A diferencia de un reloj normal, el zodíaco comienza desde la primera casa y se mueve en sentido antihorario. Cada casa tiene ciertos rasgos definitorios que influyen en sus características generales.

La Tierra gira, los planetas se mueven y las posiciones de las estrellas cambian. En el momento de su nacimiento, cada planeta se encontraba en signos y casas específicos. En astrología, el significado de cada planeta, la casa en la que se encontraba y el signo en el que brillaba se utilizan para rastrear las fortalezas y los posibles desafíos que enfrentarán en su vida. Cuando un planeta se muda a una casa zodiacal específica, ilumina esa parte específica de su gráfico y energiza los diferentes rasgos de la casa dada. Estas casas también pueden predecir los aspectos únicos de su vida que estarán bajo enfoque y el mejor curso de acción disponible. En astrología, las primeras seis casas se conocen como casas personales y el resto como casas interpersonales. En este capítulo, aprenderá más sobre las doce casas del zodíaco y lo que significan para Aries.

Primera Casa

Como su nombre indica, esta es la casa que comienza el calendario zodiacal e incluye todos los aspectos nuevos de tu vida. En esta casa se incluyen primeras impresiones, iniciativas, nuevos comienzos y aparición de uno mismo. El letrero colocado en el borde, o cúspide, de esta casa se conoce como su signo ascendente. Aries gobierna la Primera Casa.

Dado que Aries inicia el calendario y gobierna la primera casa, toda tu personalidad y cualidades se magnifican aquí. Influye en cómo te presentas a los demás y en tu percepción de ti mismo. En esta casa, tomar cualquier iniciativa es fácil para usted y, a menudo, no siente miedo.

Segunda Casa

Tauro gobierna la Segunda Casa. Todos los diversos aspectos de su vida asociados con el entorno físico y material, incluidos sus sentidos primarios, están influenciados por esta casa. La segunda casa gobierna su autoestima, ingresos y finanzas.

En esta casa, Aries es bastante agresivo cuando se trata de la administración del dinero. Suele ser experto en la gestión de los recursos materiales. También aumenta su deseo y compromiso con los placeres sensuales.

Tercera Casa

Géminis gobierna la Tercera Casa. Todas las formas de comunicación, incluida la comunicación verbal y no verbal, desde cómo piensa hasta cómo habla, se rigen por la tercera casa. Es responsable de todas las relaciones que establezca con sus hermanos, amigos, compañeros de clase, compañeros de trabajo, etc. Ofrece una visión profunda e información importante sobre su red inmediata.

Dado que esta casa tiene que ver con la comunicación, usted siempre tendrá una opinión y la defenderá con vehemencia. Si no se controla, la comunicación puede parecer contundente y agresiva. Busca diferentes formas de expresar y defender sus opiniones, ya sea por escrito o hablando. Aries tiene mucho que decir en esta casa. Aries es increíblemente obstinado aquí, y sus posibilidades de entablar discusiones y peleas con otros también aumentan. En el lado positivo, a menudo también es usted el primero en hacer las paces.

Cuarta Casa

Cáncer gobierna la Cuarta Casa. Esta casa representa su hogar y sus raíces. Forma la base de todas las cosas, como su hogar, la privacidad, la relación con los padres, sus hijos, las habilidades de crianza y los sentimientos de seguridad.

Esta casa tiene que ver con su vida hogareña y su entorno familiar. Dado que el planeta Marte gobierna a Aries, la agresión también puede abrirse camino en el hogar, pero también resalta su deseo inherente de crear un lugar perfecto y un refugio seguro que le brinde un descanso de las agotadoras realidades de la vida.

Quinta casa

Leo gobierna la Quinta Casa. Esta casa es característica del romance, la tensión, la creatividad, la diversión y la autoexpresión. Es una reminiscencia de la creatividad y el sentido natural de libertad que tienen los niños. Básicamente, te permite conectarte con tu niño interior.

Se trata de romance, pasión y carisma, pero también describe su comprensión interior de la creatividad. Participar en cualquier forma de arte es un gran método de autoexpresión para Aries en esta casa.

Sexta casa

Virgo gobierna la Sexta Casa. Esto rige su comprensión del servicio a usted mismo y a la sociedad y su bienestar general. Todo lo relacionado con estas cosas, como su horario, estado físico, dieta, ejercicio, organización y rutina, está influenciado por la sexta casa.

En esta casa, usted es un luchador incansable y agresivo. En esta casa, Aries se convierte en el líder de la manada. Cuando Marte gobierna tu vida laboral, te conviertes en un emprendedor y no te preocupa pisar los dedos de los demás para conseguir lo que quieres. Dado que describe su salud en general y un sentido de servicio, canalizar su energía interior para estar al servicio de los demás es una excelente manera de permitir que su energía Aries fluya sin barreras.

Séptima Casa

Libra gobierna la Séptima Casa. Esta casa tiene que ver con las diversas relaciones en la vida. Ya sean sus relaciones personales o profesionales, desde el matrimonio hasta las sociedades comerciales, todo está influenciado por esta casa. Le da una mejor sensación de comprensión acerca de usted mismo y de aquellos con quienes se asocia. La Séptima Casa también influye en su capacidad para interactuar con sus seres queridos.

Libra describe una relación con los demás. Desde el amor tierno hasta la energía requerida para lidiar con diferentes aspectos de las relaciones, la vida de Aries está influenciada por la séptima casa.

Octava casa

Escorpio gobierna la Octava Casa. Esta casa influye en todas las cosas asociadas con el nacimiento, la muerte, el sexo y la transformación. La magia y el misticismo son dos aspectos importantes.

Dado que Marte gobierna su vida, la pasión y la intensidad que experimente a menudo se intensifican. Esta casa lo vuelve valiente y lo libera para explorar el mundo que lo rodea física, mental y psíquicamente sin preocupaciones ni vacilaciones.

Novena casa

Sagitario gobierna la Novena Casa. Todas las cosas asociadas con su yo personal, como la inspiración, la filosofía y los viajes extraordinarios que realiza en la vida, están influenciadas por esta casa. El viaje mencionado aquí no es solo representativo de pequeños viajes en la vida, sino también metafóricos. Básicamente, contiene la clave de las diferentes cosas que le brindan inspiración, sorpresa y deleite a su vida.

Su deseo es explorar lo desconocido y aprender más, y esta casa influye en ese deseo. Le permite profundizar en los aspectos más profundos de la vida en los que otros no se concentran.

Décima Casa

Capricornio gobierna la Décima Casa. Esta casa esencialmente influye en las diferentes características o rasgos que desea que los demás noten en usted. A menudo se usa para comprender la trayectoria profesional ideal de una persona. Rige las tradiciones, el honor, la imagen pública, los logros, los límites, la autoridad, la disciplina y las reglas.

En esta casa, la ambición y el reconocimiento se vuelven extremadamente importantes. Ya sea que se realice en su vida personal o profesional, tiene la voluntad de ir tras el éxito que desea.

Casa 11

Acuario gobierna la Undécima Casa. La undécima casa rige todos los aspectos relacionados con la amistad. Ya se trate de amistades o relaciones en el lugar de trabajo, esta casa está muy influenciada por ella.

Para los Aries en esta casa, ponerse de pie y luchar por los desamparados se convierte en la norma. Los amigos se convierten en su salvavidas. Le da mucha energía participar en actividades que involucran a otros.

Casa 12

Piscis gobierna la Duodécima Casa. El último signo del zodíaco se trata de tu mente subconsciente. Es el centro de la imaginación, la creatividad y el arte. De la misma manera que la primera casa gobierna los comienzos, la duodécima casa gobierna los finales.

Si Marte gobierna esta casa, puede volverse un poco complicado porque puede ayudar a identificar la agresión de los demás incluso cuando no es visible. Todas las cosas en esta casa a menudo están ocultas. Con Marte gobernando su ciclo energético, le ayuda a tomar conciencia de cosas que no siempre son lo que parecen. Le da un sentido de intuición más profundo para comprender cómo se comportan los demás y descifrar sus motivos.

Capítulo 2: Cómo reconocer a un Aries

Todos tenemos una identidad única, y no hay dos individuos que sean realmente iguales, pero aquellos que comparten el mismo signo solar también comparten ciertas características y rasgos. Cuando conoces el signo solar de alguien, puedes comprenderlo hasta cierto punto. Por otro lado, si conoce los rasgos típicos de los signos solares, puede adivinar el signo zodiacal de la persona incluso si no conoce su fecha de nacimiento. En esta sección, veamos rasgos similares compartidos por todos los Aries. Con esta información, podrá detectar a los Aries por entre la multitud.

Los Aries son extremadamente extrovertidos y amigables. Ya sea un niño o la abuela del vecindario, Aries es amigable con todos. Estos individuos no pueden tolerar ninguna forma de injusticia. Si ves a alguien que se opone a los prejuicios y lucha contra todo tipo de errores, es probable que sea un Aries. No solo se defienden a sí mismos y en lo que creen, sino que tampoco les importa defender a los débiles.

Hasta cierto punto, hay una ingenuidad general asociada con Aries. Pueden parecer confiados y competentes, pero también son inocentes. Estos rasgos los hacen intrépidos por un lado y extremadamente vulnerables por el otro. Dado que realmente confían en los demás, sus posibilidades de salir lastimados son altas. En lugar de ser más cauteloso, un Aries cree en aprender su lección, perdonar y olvidar. Este proceso seguirá repitiéndose. Si usted confía naturalmente en los demás y es bueno perdonando y olvidando, es por su signo solar. Este es un rasgo que todos los Aries comparten.

Un Aries nunca se quedará sin temas de conversación. Las personas de este signo del zodíaco son expertas en hablar de cualquier cosa. Nunca vivirá un silencio incómodo con un Aries. Incluso si está un poco perdido, Aries mantendrá la conversación. Esto es cierto incluso si un Aries acaba de conocer a alguien. Les encanta interactuar con los demás y dominan las conversaciones.

Este es el primer signo del Zodíaco, y esta posición trae consigo una naturaleza infantil. Son similares a un bebé fascinado por sus propios dedos de manos y pies. Esto puede hacerlos un poco ensimismados, pero, después de todo, ¿qué más se puede esperar de un bebé? Al igual que los bebés, los Aries se centran únicamente en sus necesidades y requisitos.

En gran medida, los Aries se guían por acciones y comportamientos en lugar de palabras. Les encanta hablar, pero expresar sus emociones no les resulta fácil. En cambio, son del tipo que deja que sus acciones hablen. En el lado negativo, Aries tiende a dejar las cosas a la mitad. Por ejemplo, pueden comenzar fuertes y motivados para completar sus tareas. Si la tarea en cuestión se vuelve monótona y rutinaria, rápidamente pierden el interés y quieren hacer otra cosa.

Su naturaleza infantil los hace extremadamente honestos. No mienten y son brutalmente francos. Con un Aries, obtienes exactamente lo que ves. No hay pretensiones ni fachadas. La sutileza, la modestia y la diplomacia no son sus puntos fuertes. No tienen miedo de llamar a las cosas por su nombre. En una multitud, si notas a alguien que dice lo que piensa sin preocuparte por lo que otros puedan pensar o sentir, es probable que sea un Aries. No se andan con rodeos y van al grano rápidamente.

La confianza, la competitividad, el optimismo, la naturaleza abierta, el amor por los desafíos, la impulsividad, la mecha corta y el miedo al dolor físico son características comunes de Aries. Todos los nacidos bajo este Zodíaco también comparten ciertas similitudes físicas. Cuando se trata de rasgos faciales, concéntrate en los ojos y el área de las cejas porque puede parecerse a su símbolo del zodíaco. A menudo tienen cejas conectadas y una constitución atlética. Es posible que vea o no similitudes físicas en todos los Aries, pero identificar sus rasgos definitorios es fácil.

En el trabajo, los Aries son los emprendedores y los líderes intrépidos. Son el alma de las fiestas. En casa, son apasionados y son grandes parejas, esposas e hijos amorosos. Siempre son el centro de atención y eso les encanta. Su ardiente energía es difícil de ignorar y su pasión es desenfrenada.

La cúspide de Piscis-Aries es una combinación del primer y último signo del zodíaco. Aries significa nuevos comienzos, mientras que Piscis se trata de finales. Los nacidos en la cúspide de estos signos son increíbles. Poseen la pasión ardiente de Aries, que se templa con la calma del signo del agua, Piscis. Son instintivos y empáticos mientras irradian coraje y pasión ardiente. Ciertamente es una mezcla humeante de dos elementos naturales importantes. Su perspectiva de vida es más interesante que la de cualquier otra cúspide.

Para identificar una cúspide Piscis-Aries, busque a una persona con talento para hacer planes, encontrar soluciones y producir ideas. Hacen todo esto mientras se aseguran de ser considerados con los demás y sus necesidades. A diferencia del Aries, que siempre tiene prisa, este signo de la cúspide necesita tiempo para llegar a una conclusión o hacer planes. Son compasivos y empáticos con todos sus seres queridos. No se considera que los Aries sean buenos oyentes, pero los que están en el signo cúspide son buenos oyentes debido a su naturaleza Piscis.

Cuando el carnero intrépido se combina con el toro terco, se forma la cúspide Aries-Tauro. Son ferozmente independientes, intrépidos y testarudos. Dado que Tauro y Aries se sienten cómodos en su piel, pueden parecer extremadamente egocéntricos. Es fácil identificar a quienes comparten una combinación de estos signos del zodíaco. Estos individuos son divertidos, enérgicos, valientes y fuertes. Ellos son los que no solo están decididos a escalar montañas, sino que tienen la energía para hacerlo en su vida profesional y personal. Quieren ser los mejores y les encanta llevar a su equipo hacia el éxito. También son lo suficientemente fuertes como para saber valerse por sí mismos y no necesitan a nadie más para nada, pero a veces pueden parecer obstinados, egoístas, agresivos e incluso controladores. Compartir responsabilidades no es fácil para este signo. A los Aries les encanta asumir el papel de líder y son buenos para delegar responsabilidades. Una cúspide de Aries-Tauro tiene dificultades con esto.

Capítulo 3: Aries famosos

En la vida, algunos sobresalen más que otros. A menudo sentimos curiosidad por comprender más sobre la vida de aquellos que tienen éxito en sus proyectos. Pero ¿por qué ocurre esto? No, no es suerte. La diferencia entre el éxito y el fracaso se reduce a ciertos rasgos.

Las celebridades son bien conocidas y, a menudo, son el centro de atención del público. ¿Está usted interesado en aprender acerca de los arianos populares? Resulta que todos los que nacen bajo el mismo signo solar tienden a compartir ciertos rasgos. En esta sección, veamos algunos Aries famosos y sus rasgos definitorios.

Gloria Steinem

Gloria Steinem fue una periodista independiente y una de las feministas más populares de su época. Una mujer bastante controvertida, siempre se mantuvo fiel a sus opiniones y fue increíblemente inteligente y valiente. Fue reportera de guerra y luego fundó su propia revista. Fue una feminista fuerte cuando la sociedad no creía en la igualdad de género. Independientemente de lo que sucedía, ella no se rindió y mantuvo sus creencias. Todos sus rasgos la convirtieron en una verdadera Aries.

Lady Gaga

Stefani Joanne Angelina Germanotta, más conocida como Lady Gaga, es un ícono popular del pop. Ella es verdaderamente una mujer independiente y toda una Aries. No tuvo miedo de asumir nuevos desafíos. Pasó de ser cantautora a editora discográfica, una mujer de negocios exitosa, una diseñadora de moda de renombre, una filántropa e incluso una actriz brillante. Su voluntad de tomar la iniciativa y explorar diferentes experiencias, y su naturaleza intrépida tanto dentro como fuera del escenario, se deben a la fuerza ardiente de Marte que gobierna a Aries. No tiene reparos en ser ella misma y es audaz e increíblemente atrevida.

Thomas Jefferson

Thomas Jefferson se convirtió en presidente no por su ambición política, sino por su increíble capacidad de liderazgo. Era un líder nato y sus ideas de libertad se correspondían con su naturaleza de Aries. Si alguna vez tiene la oportunidad, repase su historia personal, se dará cuenta de que él siempre hizo lo que quería y sabía lo que tenía que lograr. Todos los arianos comparten estos dos rasgos.

Robert Downey Jr.

Los Aries son sobrevivientes y nunca se rinden. Pueden levantarse y empezar de nuevo sin importar los problemas que enfrenten en la vida. Todo esto es claro en la vida de Robert Downey Jr, más conocido como Iron Man. Fue nominado a un Oscar en 1992, pero terminó en prisión en 1996. Vivió todos los límites su vida y nunca dudó. Su resistencia y espíritu de lucha se pueden asociar con el ardiente planeta Marte.

Maya Angelou

Maya Angelou fue una activista de derechos civiles, poeta y escritora de renombre mundial. Su famoso poema, "Y aun así me levanto", recuerda el espíritu de Aries para seguir luchando a pesar de las dificultades y desafíos. Ella era una verdadera guerrera y siempre se mantuvo fiel a sus creencias. Su ardiente confianza, su convicción inquebrantable y su feroz espíritu de lucha, junto con el deseo de estar al servicio de los demás, la convirtieron en una mujer verdaderamente excepcional. Todos estos rasgos son típicos del primer signo del zodíaco.

Papa Benedicto XVI

El papa Benedicto XVI fue nominado para dirigir la Iglesia Católica en 2005. Su papel natural como líder muestra su lado ariano. Los Aries son conocidos por sus convicciones y creencias inquebrantables. Hacen lo que quieren, siempre que crean en ello. Tienen confianza y son lo suficientemente valientes como para defenderse incluso cuando otros no lo hacen. Exhibió los rasgos de un Aries al renunciar a su cargo como obispo de Roma en 2013. Fue el primer papa en la historia que renunció a su título del prestigioso cargo.

Leonardo da Vinci

Leonardo da Vinci fue un conocido artista renacentista. No mucha gente sabe que fue músico, inventor, arquitecto y erudito. Es famoso por la Mona Lisa y la Última Cena, pero eso no fue todo lo que hizo. Su curiosidad por seguir aprendiendo y explorando el mundo que lo rodeaba era fiel a su naturaleza Aries. Los Aries son líderes, pioneros y visionarios. Compartió todos estos rasgos y canalizó su ardiente pasión interior para convertirse en un pionero en diferentes aspectos de la ciencia y el arte.

Peyton Manning

El mariscal de campo de fútbol americano profesional Peyton Manning estableció varios récords y ganó cinco premios y trofeos de Jugador Más Valioso de la NFL. Los Aries son increíblemente competitivos y no pueden soportar la idea de perder. Él mostró este espíritu competitivo y ardiente y siguió luchando hasta que logró sus objetivos. Al final, cuando se retiró de la NFL en 2016, mencionó su gran lucha.

Keri Russell, Joan Crawford, Ayesha Curry, Alexander McQueen, Queen Latifah, Bruce Willis, Adam Levine, Gary Oldman, Reese Witherspoon y Fred Rogers son cúspides Piscis-Aries famosas. Charlotte Bronte, John Muir, Carmen Electra, la reina Isabel II, Kourtney Kardashian, John Cena, Victoria Beckham, Kate Hudson y Max Weber son cúspides Aries-Tauro famosas.

La lista de Aries famosos discutidos en la sección no es exhaustiva. La lista es infinita. ¿Por qué todos estos arianos triunfaron en la vida? Tuvieron éxito porque fueron fieles a sí mismos. Eran sus propios héroes y no huían de los desafíos, sino que los afrontaban con resistencia. Estaban comprometidos consigo mismos y con sus objetivos. Eran infinitos, optimistas y sin malicia. Ninguno de estos arianos alcanzó éxito desde la comodidad. Creían que el fracaso no era una opción. Consideraban que el fracaso era un requisito previo para el éxito. Si tienes metas en la vida, ve tras ellas. No dejes que nadie te detenga. Aprenda a canalizar su ardiente energía y pasión interior para llegar hasta allí.

Capítulo 4: Fortalezas y debilidades

Todos los humanos tienen una tendencia natural a compararse con los demás. Según nuestra percepción de las fortalezas y debilidades, estas comparaciones pueden hacernos sentir superiores o inferiores. Todos somos diferentes y funcionamos de manera diferente debido a nuestras personalidades. En lugar de compararse con los demás, es mejor conocerse a sí mismo y conocer sus capacidades. Todos tenemos ciertas fortalezas que podemos aprovechar para impulsarnos y avanzar en la vida.

Del mismo modo, también tenemos ciertas debilidades. Estas debilidades no son su perdición, sino simplemente áreas en las que debe mejorar. No significa que le falte algo, simplemente significa que hay margen de mejora y aprendizaje. En este capítulo, aprenderá sobre estas diferencias en Aries.

Fortalezas de un Aries

El primer signo del zodíaco es Aries, y este posicionamiento viene con ciertas fortalezas. Quienes los rodean pueden apreciar todos sus rasgos positivos. De hecho, los Aries están bendecidos con ciertas cualidades que otros luchan por desarrollar durante su vida.

Valentía

Representado por el carnero, Aries es extremadamente valiente. Nunca evitan probar cosas nuevas y asumen responsabilidades sin inmutarse. Asumen riesgos. Un Aries siempre tiene la mente abierta para descubrir y aprender algo. Les encanta la emoción y no se abruman, preocupándose por las posibles consecuencias. En cambio, son lo suficientemente valientes como para dar el primer paso cuando otros se asustan. El dinámico planeta Marte gobierna este signo del zodíaco, por lo que los Aries son guerreros intrépidos por naturaleza y están listos para enfrentar cualquier desafío que la vida les presente.

Mentalidad de liderazgo

La mayoría de los humanos tienen una mentalidad de manada, pero el carnero es un líder nato. Les gusta tomar el control de las situaciones e incluso ayudar a otros a alcanzar el éxito. Les gusta unir a los demás y asumen el papel de líder cuando es necesario. Los roles de liderazgo en la vida real son emocionantes y atractivos para un Aries. Ya sea que se trate de un puesto directivo o de liderazgo, Aries se siente atraído por él. Desde líderes de equipo hasta directores, automáticamente se ponen en la piel de un líder en cualquier situación. Como era de esperar, la mayoría de las personas buscan a sus amigos Aries en momentos de necesidad.

Energía

Dado que Aries es el primer signo del calendario zodiacal, están llenos de una inmensa energía. Son las personas que nunca se cansan ni se quedan sin fuerzas si les gusta lo que hacen. Su energía no es algo que todos puedan tolerar. Si usted es un Aries, es probable que le pregunten: "¿Cómo haces eso?" o "¿Cómo te mantienes al día?". Si algo le gusta, no hay nada que se interponga en su camino o descarrile su energía.

Perspectiva optimista

Si usted es un Aries o conoce a un ariano, es posible que conozca su optimismo. Muchas personas se sienten atraídas por esta personalidad debido a su visión optimista, independientemente de todos los desafíos que surjan en sus vidas. En cambio, pueden ver claramente su objetivo y trabajar para alcanzarlo. Rara vez gastan su tiempo y energía preocupándose por todas las situaciones imparables o se concentran en sus errores o pérdidas del pasado. Son expertos en aprender las lecciones que enseña la vida y avanzar rápidamente.

Naturaleza generosa

Su naturaleza extremadamente generosa los hace personas amables y comprensivas. Incluso si un Aries no gana mucho, es generoso con su dinero y lo regala sin dudarlo. Están dispuestos a ayudar a otros en circunstancias difíciles, incluso con su dinero si es necesario.

Pasión

La pasión que muestra Aries no se parece a ninguna otra. Si les gusta algo, Aries es rápidamente motivado e impulsado por ello. Esta pasión se filtra en todos los aspectos de sus vidas. Ya sea que esto se relacione con su vida profesional o personal, son apasionados y rara vez renuncian a las cosas que les gustan.

Creatividad

Si alguna vez se está quedando sin inspiración o motivación, busque a un Aries en su círculo. Los Aries son increíblemente creativos y pueden pensar un poco más allá. Son innovadores y su imaginación no conoce límites. Esta imaginación y creatividad se convierten en el punto crucial de sus habilidades para resolver problemas. Sus habilidades para resolver problemas, su confianza en sí mismos, su pasión y energía ayudan en sus roles de liderazgo. Si usted es Aries, es posible que se haya dado cuenta de que sus seres queridos recurren a usted en momentos de necesidad. Hacen esto no solo porque saben que los ayudará, sino que saben que *puede* ayudarlos y encontrar soluciones para resolver sus problemas.

Ambición

Aries nunca dará nada por sentado. Son naturalmente ambiciosos y se fijan metas elevadas. No solo se esfuerzan por alcanzar estos objetivos, sino que también inspiran a otros. Son grandes líderes dentro de la sociedad. Si alguna vez ha trabajado con un Aries, lo entenderá. Habrá momentos en los que trabajar hacia un objetivo se volverá difícil, pero Aries lo mantendrá motivado.

Seguridad en sí mismos

Aries tiene un sentido natural de confianza en sí mismo. Creen en sus opiniones, ideas y valores. Sus valores guían todas sus decisiones y no dudan en defenderlos. Esta autoconfianza natural es atractiva para los demás. También les da a los demás el valor de seguirlos.

Independencia

Si usted es un Aries, es posible que otros ya lo hayan llamado "inflexible" u "obstinado". Bueno, estas cosas son admiradas y bienvenidas en el desafiante mundo moderno. Describe su capacidad para defender sus ideas y opiniones porque se alinean con sus valores fundamentales. En lugar de escuchar los consejos de los demás, los Aries están ansiosos por experimentar las cosas por sí mismos. Su independencia proviene no solo de su visión, sino también de su capacidad para alcanzar esas metas.

Fiabilidad

Los Aries son dignos de confianza y honestos. Lo llaman como lo ven, pero no los encare con malas intenciones. Está en su naturaleza ser honestos y abiertos, incluso si eso significa expresar su resentimiento. Mientras habla con un Aries, siempre puede contar con su opinión honesta. No les molestan las fachadas de los demás y serán ellos mismos en cada situación.

Las fortalezas de un Aries se pueden resumir de la siguiente manera:

- Los Aries son líderes natos y arriesgados.

- Son confiados y valientes.

- Tienen una inmensa energía y la pasión necesaria para lograr sus objetivos.

- Su pasión y creatividad les permiten idear enfoques únicos para abordar cualquier obstáculo o situación en la vida.

- El sentido inherente de optimismo de un Aries los convierte en una presencia positiva.

- Confiable, honesto y generoso son adjetivos que describen bien este signo.

- Su fuerte sentido de independencia, junto con todos los rasgos mencionados anteriormente, los hace increíblemente ambiciosos.

Las cúspides de Piscis-Aries son afectuosas, seguras y prácticas. En comparación, las cúspides de Aries-Tauro son idealistas, audaces y responsables. Estas cúspides muestran las fortalezas de ambos signos bajo los que nacieron.

Debilidades de un Aries

La regla de la naturaleza es el equilibrio. Para todo lo bueno, hay algo malo, y para cada punto positivo, siempre hay uno negativo. Afortunadamente, incluso las debilidades de uno se pueden transformar en fortalezas. Para hacer esto, es importante tomar conciencia de las debilidades. En la sección anterior, presentamos los puntos fuertes de Aries. Ahora, veamos algunas áreas en las que este signo tiene algunos problemas.

Altamente competitivos

Ningún otro signo del zodíaco es tan competitivo como Aries. Quizás sea su primera posición en el calendario lo que los hace así. Sea lo que sea, Aries siempre quiere ser el primero. No pueden soportar perder o incluso la idea de perder. Piensan en cada evento de la vida como una batalla. En una batalla, solo puede haber dos resultados: ganar o perder. Como a Aries no le gusta perder, la única alternativa que les queda es salir victoriosos. Cuando no gana, Aries se desanima. Aries siempre está compitiendo, ya sean juegos con amigos o actividades en el trabajo. Un Aries cree que la vida es una competencia.

No hay nada de malo en querer ganar, pero es importante saber elegir las batallas. La vida no es una competencia y no siempre es necesario ganar para ser feliz. No asocie su felicidad con ganar porque eso aumentará el estrés. Esta competitividad también puede ser una señal de inseguridad. No compita con los demás, intente competir con usted mismo. Trate de hacer su mejor esfuerzo en todo. Recuerde, la vida rara vez es blanca o negra. Intente canalizar su naturaleza altamente competitiva de una manera positiva, cambiando su enfoque hacia el proceso y esfuerzo en vez de pensar en los resultados.

Un poco inconscientes

Todos los Aries tienen una tendencia inherente a intentar ser los mejores y los más rápidos en todo. A menudo significa que toman decisiones rápidas y apresuradas. Una decisión precipitada rara vez es sabia. Como siempre tienen prisa, no tienen tiempo suficiente para analizar a fondo los riesgos y consecuencias de sus decisiones. Les encantan los resultados rápidos y quieren ser ganadores. En su intento por hacer esto, se saltan una etapa esencial en la toma de decisiones: pensar en los resultados. Aries no escapa de los riesgos y siempre está preparado para cualquier desafío. Cuando se trata de riesgos, es necesario preverlos. Un riesgo calculado puede ser la diferencia entre ganar y perder.

Antes de tomar una decisión, tómese un tiempo y piense en sus consecuencias. No ande siempre con prisa. Trate de pensar las cosas detenidamente. Su creatividad e imaginación, junto con sus habilidades para resolver problemas, le dan una ventaja sobre los demás. Por lo tanto, intente aprovechar al máximo estos maravillosos dones.

Naturaleza agresiva

Aries es inherentemente más agresivo que otros signos y, a menudo, se lo asocia con su planeta regente, Marte. Cuando estos signos luchan por regular su ira, resulta en rabietas y arrebatos. Dado que estas cosas se pueden evitar, aprenda a regular sus emociones. La ira es un sentimiento potente, pero natural y, a menos que lo controle, ciertamente controlará sus acciones, comportamientos e incluso sus pensamientos.

La ira no siempre se puede evitar y la forma más sencilla de regularla es aprendiendo a calmarse. Preste atención a sus sentimientos y emociones. Siempre que sienta que se están apoderando de usted, tómese un descanso de su situación. Aléjese del lugar y ponga distancia física entre usted y el evento desencadenante. Tómese un par de minutos para reagrupar sus pensamientos y regular su respiración. Una vez que se calme, será más fácil revisar la situación y decidir el curso de acción de manera racional.

Impaciencia

Aries siempre parece tener prisa. Son increíblemente impacientes y odian esperar resultados. Aries es similar a un auto deportivo súper rápido y desea vivir la vida a gran velocidad. Esta es la razón por la que a menudo toman malas decisiones. Disminuir la velocidad o cualquier cosa monótona no funciona para un Aries. Es por eso por lo que a menudo dejan tareas sin terminar y cambian a otras actividades si el trabajo se vuelve rutinario y monótono. Los Aries se fijan grandes metas y, a menudo, se ponen a trabajar sin evaluar todas las posibles consecuencias de sus acciones.

Una forma sencilla de que un Aries afronte su impaciencia es ser consciente. No tenga prisa, la vida no es una carrera. No se trata de apresurarse a llegar a la meta, se trata de disfrutar el viaje. No se distraiga, aprenda a vivir el momento. Deje de concentrarse solo en los resultados y disfrute del proceso.

Llamados de atención

Aries no solo ama la atención, sino que sabe cómo ser el centro de las atenciones. Piense en ellos como actores que necesitan una audiencia. Si no reciben la atención que desean, rápidamente se pueden desilusionar y agitar. Aries busca constantemente fuentes externas de reconocimiento y validación. Necesitan oyentes y les encanta cuando otros los elogian. A veces, hacen todo lo posible para completar ciertas tareas para verse mejor que otros.

Querido Aries, no haga esto. En lugar de buscar una validación externa, concéntrese en ser la mejor versión para usted. Una vez que se dé cuenta de que su fuente de felicidad, motivación y aceptación proviene de su interior, la vida se volverá más fácil.

Leve egoísmo

Como se mencionó en el capítulo anterior, Aries puede parecer un poco egoísta, pero son como bebés y sería injusto llamar egoísta a un bebé. Dado que están tan concentrados en ganar, cualquier comportamiento que los lleve a la victoria será bueno para un Aries. Si tienen un objetivo y desean cumplirlo, nada se interpondrá en su camino. Incluso si las cosas salen mal, Aries no cree que sea una razón para rendirse. Debido a esto, el comportamiento de Aries puede parecer egoísta para los demás, pero desde la perspectiva de Aries, esto no es egoísta y solo se trata de automotivación. Se concentran en los resultados y en ellos mismos antes que en los demás.

La forma más sencilla de superar esta actitud aparentemente egoísta es aprovechando su generosidad interior. No siempre tiene que estar en el centro de atención o tener la razón. Está bien aceptar sus errores y hacer las cosas bien. No le restará valor. No se olvide de los demás mientras se concentras en usted mismo. Ponerse usted primero es perfectamente aceptable, pero también comprenda las consecuencias de sus acciones. Antes de hacer cualquier cosa, tómese un tiempo y piense en sus acciones y posibles consecuencias.

Las cúspides de Aries-Tauro se distraen fácilmente, a menudo se apresuran a entrar en situaciones y tienen dificultades para dejar pasar las cosas. Por el contrario, las cúspides de Piscis-Aries se distraen fácilmente y son extremadamente problemáticas. Estas cúspides muestran una combinación de debilidades asociadas con otros signos del zodíaco (a saber, Tauro y Piscis) y no solo con Aries.

Las debilidades de este signo del zodíaco se pueden resumir de la siguiente manera:

• Los Aries son propensos a la agresión y son conocidos por su temperamento explosivo.

• Este signo es altamente competitivo en la medida en que no pueden lidiar con la idea de no ganar.

• Aries puede parecer egoísta y desconsiderado.

• También son impacientes, impulsivos e imprudentes hasta el extremo.

Es hora de abordar sus debilidades y canalizarlas hacia algo positivo concentrándose en sus fortalezas. Siga los sencillos consejos que se dan en esta sección para superar sus debilidades y ser una mejor versión de sí mismo.

Capítulo 5: El niño Aries

Al igual que con los adultos, los niños tienen ciertos rasgos definitorios y personalidades únicas. La mayoría de las cualidades que mostramos en la edad adulta son una ampliación de los rasgos que mostramos cuando éramos niños. Se ha mencionado repetidamente que el signo del zodíaco de una persona influye en su personalidad y características. Lo mismo ocurre con los niños. En esta sección, veremos toda la información necesaria para comprender mejor a los niños Aries.

Rasgos de los niños Aries

Los niños Aries, como los adultos, son entusiastas, innovadores y están listos para asumir nuevos desafíos. No tienen miedo de correr riesgos y no les gusta seguir las reglas de los demás. Con su pensamiento inventivo y creativo, rara vez se aburren. Si no los vigila de cerca, puede haber problemas. Estos son los niños que no dudan en trepar al árbol más alto del patio trasero, saltar del techo o saltar vallas. Son impulsivos y ven la vida como una gran aventura. Para consternación de sus padres, no pueden quedarse de brazos cruzados y seguirán explorando su entorno.

Los niños que nacen con el sol en Aries a menudo saltan sin mirar. Estos rasgos también los acompañan hasta la edad adulta. Cuando son niños pequeños, se apresuran, entran y salen de las habitaciones, a menudo demasiado rápido para que los padres se den cuenta de lo que están haciendo. A menudo aprenden de las experiencias y las consecuencias en lugar de escuchar los consejos de otros. Independientemente de todas las precauciones que les den sus padres, prefieren vivir la vida en sus propios términos ya desde una edad temprana. Les encanta romper las reglas porque son líderes natos. Creen en hacer sus propias reglas. Si tienes un Aries en tu vida, debes ser extraordinariamente paciente con ellos. Enseñarles a respetar y cumplir las reglas y seguir las limitaciones es difícil, pero necesario.

Estos niños son físicamente activos y extremadamente competitivos. La mejor forma de canalizar su competitividad interior es orientándolos hacia el deporte y otras actividades físicas. Al agregar actividades físicas a su rutina diaria, les da una sensación de estructura.

Los Aries son líderes natos. Les encanta ser el centro de atención y no les importa lo que piensen los demás. Lo único que les importa es lo que ellos quieren. Una vez que ponen su mirada en algo, lo persiguen con todo lo que tienen. Con un poco de orientación, podrá convertir a un Aries en un adulto increíble. Tiene todas las cualidades de un inventor, un líder y un emprendedor. Son valientes, intrépidos y pueden ascender a puestos importantes en la vida. Ya sea el presidente de la clase o el máximo mandatario de una empresa, Aries llegará a la cima.

Aries tiende a moverse rápido, demasiado rápido a veces, por su propio bien. Su incapacidad para quedarse quietos o pensar antes de actuar los vuelve impulsivos. A menos que les enseñe a regular estos impulsos, se lastimarán más de una vez. Las acciones rápidas y los resultados instantáneos parecen ser el lema de un Aries. Esta es también una razón por la que se distraen con facilidad. Un niño Aries puede parecer motivado y decidido cada vez que comienza algo nuevo. Lo más probable es que se rinda antes de completar la tarea en cuestión y pase a otra cosa. Si no le enseña a tener paciencia, nunca aprenderá la importancia de completar sus proyectos. Se necesita paciencia para enseñarle a un Aries a ser paciente.

¿Recuerda algún caso de su infancia en el que otros le dijeron que bajara la velocidad? Bueno, ¿les ha prestado atención? Si no es así, tampoco espere que el niño Aries en su vida escuche sus consejos. Si realmente quiere que le presten atención, empiece por ser un buen oyente. Al enseñarles a tener paciencia, también les enseñas a pensar bien las cosas antes de actuar.

"Moderación" no es un término que exista en el diccionario de Aries. Las emociones fuertes suelen guiar a estos niños. Ya sea que se trate de felicidad extrema o rabia, todas sus emociones se amplifican. Estas emociones también los vuelven impulsivos. Todos los adultos en la vida de un niño Aries deben estar atentos a tales comportamientos, especialmente a cualquier forma de agresión o violencia. Son exaltados y tienden a meterse en peleas, disputas y discusiones.

Se sabe que los niños Aries son altamente competitivos y egocéntricos. Necesitan atención constante de sus cuidadores y se sienten abatidos cuando no la reciben. También buscan el reconocimiento de todos sus logros y acciones. Como cuidador, aprenda a desalentar los comportamientos indeseables de los pequeños desde una edad temprana. Permítales volverse asertivos sin enojarse. Enséñeles la humildad básica, porque Aries no comprende el significado de esta palabra. Su actitud de "yo primero" puede evitar que sobresalgan en la vida.

Bebés y niños pequeños arianos

Los niños Aries no solo son luchadores, sino que también son entusiastas y decididos. No evitan tomar riesgos. Esto aumenta las posibilidades de que sufran accidentes. En esta sección, veamos los rasgos que definen a un bebé ariano.

Desde el nacimiento hasta los seis meses, estos pequeños son un paquete de energía y actividad. Son inusualmente amigables y alertas. En su mayoría, verá al bebé con una gran sonrisa feliz en su rostro, pero son excepcionalmente ruidosos y expresivos sobre sus demandas. Estos bebés necesitan poco sueño y, a menudo, prefieren las siestas cortas en lugar de dormir toda la noche.

Para cuando el bebé tiene entre 6 y 18 meses, sus niveles generales de actividad aumentan. Incluso podrían comenzar a caminar y gatear. La marca registrada de impaciencia de Aries aparece en esta etapa. Si el bebé no puede hacer lo que quiere o se le impide hacerlo, se sentirá frustrado. Cuando se sienta frustrado, prepárese para las rabietas.

Los niños son curiosos por naturaleza, pero un niño ariano es más curioso que los demás. A medida que su pequeño se acerque a los tres años, podrá ver un aumento visible en su curiosidad. Esté preparado para responder un sinfín de preguntas sobre todo y cualquier cosa que cruce por su mente. "¿Por qué?" se convertirá en una parte cada vez más común del vocabulario de su pequeño. Intente alimentar su curiosidad y responda a las preguntas con la mayor sinceridad posible. Recuerde, en esta etapa están tratando de aprender y crecer. Estarán increíblemente ocupados y siempre en movimiento. No serán solo las preguntas, prepárese también para el comportamiento rebelde. Los niños, a esta edad, se vuelven discutidores y comienzan a cuestionar la autoridad.

Entre los 3-5 años, los niños Aries comienzan a experimentar una variedad de emociones poderosas. Esto puede ser difícil de manejar para los adultos, pero es aún más complicado y delicado para los niños. Su estado de ánimo general puede parecerle increíblemente volátil. Tu dulce y cariñoso pequeño puede enojarse y volverse violento en un abrir y cerrar de ojos. Son sensibles y se toman todo personalmente. Los Aries se frustran cuando no pueden desempeñarse como pensaban que lo harían o si fracasan. Su incapacidad para lidiar con esta frustración a menudo se presenta en forma de rabietas.

Niñas Aries en edad escolar

"Confianza" y "poco convencional" son las dos características que definen a las chicas arianas. Tienen una sed de aventuras que a menudo las lleva a circunstancias desagradables. Son ferozmente independientes. Su inherente naturaleza aventurera las hace intrépidas y abiertas a asumir riesgos. No se sorprenda si su dulce niña pasa por una fase salvaje. Esto es común y, a menudo, se suaviza con la edad. Como padre o cuidador principal en la vida de un ariano, prepárese para experimentar un poco de dificultad para supervisarlos. Además, prepárese para recibir un mal de ojo increíblemente eficaz que comunica su indignación sin decir una palabra. A los Aries les encanta traspasar los límites y probar los límites de los demás. No hacen esto con ninguna intención maliciosa, simplemente es su naturaleza.

Estas chicas tienen un inmenso potencial dentro de ellas. Están llenas de energía y tratan de dirigir su energía hacia los aspectos positivos de su vida. No es solo su energía física, sino también la energía mental. Una niña Aries a menudo encontrará formas innovadoras y creativas de hacer las tareas habituales, lo que podría sorprender a todos. En esta etapa, simplemente siga el juego y deje que su creatividad aumente y crezca. No sea demasiado restrictivo, pero enséñele dónde están los límites. Si le proporciona las herramientas y los recursos adecuados, tendrá un gran éxito.

A los Aries les encanta tener el control. Les encanta la sensación de poder de ser la persona a cargo. A medida que la niña Aries crezca, comenzará a participar activamente en las decisiones del hogar. De hecho, esperará formar parte de todas las decisiones del hogar. Su orgullo importa mucho y no es un signo de vanidad. Si le da la oportunidad de canalizar su energía interior hacia actividades positivas, tendrá éxito. Ella es buena organizando y arreglando cosas. Intente aprovechar al máximo sus habilidades creativas.

Un rasgo que todos los Aries comparten, independientemente del género, es su extroversión. Las niñas Aries sobresalen en entornos sociales, especialmente cuando se encuentran en una posición de control. Pueden parecer un poco dominantes, pero su naturaleza inherente es hacerse cargo de las cosas. Les gusta liderar y tienden a reforzar el concepto de trabajar juntos como un equipo, pero habrá momentos o circunstancias en las que ella no quiera estar con nadie más. Respete su privacidad y dele el tiempo y el espacio que necesita para sí misma. No intente presionarla, pero comience a tratarla como a una adulta. Si la trata como a una niña, se rebelará. Aries es independiente y ferozmente protector de esta independencia.

Niños arianos en edad escolar

Existen pocos momentos aburridos en la vida de un ariano. Esto es aún más real para los niños Aries en edad escolar. Siempre están tramando algo. Su deseo natural de asumir el papel de líder los hace proactivos y les da el coraje necesario para iniciar las cosas. Si están iniciando algo, ciertamente están incitando a otra persona. No tienen absolutamente ningún respeto por la estructura o las reglas porque piensan que reduce su sentido de la aventura. Buscan mucha emoción en la vida y no les gusta que los detengan. Quieren acción y la quieren sin interrupciones. Son muy activos, sanos y fuertes. Son muy competitivos, así que trate de orientar su energía hacia algo positivo. Haga que se involucren en deportes o cualquier otra cosa que los canse físicamente.

En el lado negativo, estos niños pueden tener dificultades para completar sus tareas. A menudo se cansan y se aburren de sus proyectos a mitad de camino y rápidamente pasan a otra cosa que les resulte más interesante. Buscan constantemente emoción y entretenimiento. Es posible que se sienta desanimado cuando su pequeño ya no lo escuche. Es su forma de afirmar su independencia. Enséñele a ser independiente sin pisar los pies de otros niños. Además, enséñeles la importancia de completar sus actividades. Una vez que comprenda la relación entre el esfuerzo y los resultados, se sentirá más motivado.

Los niños Aries son líderes naturales y están impulsados por las ganas de conquistar. Les encanta participar en cualquier batalla. No se trata de peleas físicas, cualquier cosa que desafíe su intelecto o habilidades es atractivo para un ariano. Esté preparado para las batallas parentales. El chico ariano no está haciendo esto porque sea egoísta. Está tratando de superar los límites. Los Aries son curiosos e inquisitivos. Una forma en que aprenden en la vida es poniendo a prueba los límites. Puede parecer que su único propósito es presionarlo. Resista darle la satisfacción de reaccionar como él desea. En cambio, canalice sus energías para enseñarle a comportarse bien. Muéstrele mejores formas de lidiar con su agresión y angustia.

Los niños Aries no son buenos seguidores, y cuanto antes un padre se dé cuenta de esto, mejor será para la relación. En lugar de participar en luchas de poder sin sentido, elija sabiamente sus batallas. A medida que un ariano crezca, experimentará un cambio de motivación significativo. Buscará formas de canalizar sus energías internas. Inspírelo y apóyelo durante esta fase. Es increíblemente apasionado, y una vez que aprenda a aprovechar su energía, se volverá imparable.

Consejos para lidiar con los niños Aries

Dado que los niños Aries son impulsivos, es importante enseñarles a controlar sus impulsos. Al ayudarlos a desarrollar el autocontrol desde una edad temprana, puede asegurarse de que tengan mejores habilidades para tomar decisiones en la vida. El primer paso para abordar este problema es hacerlos conscientes de su impulsividad. Siempre que el niño Aries actúe de manera impulsiva, llámele la atención y ayúdelo a comprender por qué tal comportamiento es problemático. Por ejemplo, si lo interrumpen constantemente mientras habla, dígale que no es un comportamiento adecuado. Infórmeles que responderá a todas sus preguntas, pero que deben esperar. Siempre que modifique su comportamiento impulsivo, asegúrese de hacerlo con calma. Cualquier comportamiento negativo de su parte puede dañar la frágil autoestima de Aries.

Enseñe lentamente al niño a combatir su comportamiento impulsivo. Al sugerir comportamientos alternativos, no solo está fomentando los buenos hábitos, sino también desalentando los negativos. Vayamos con los ejemplos discutidos en la sección anterior. Siempre que Aries lo interrumpa mientras habla, sugiérale que levante la mano. Cuando le enseña esto, esencialmente está sugiriendo que debe esperar a que la otra persona lo reconozca antes de que comience a hablar. Si el Aries es bastante agresivo y recurre a la agresión física, enséñele otras formas de reconocer sus emociones. En lugar de golpear o desquitarse con otros niños, anímelos a golpear la almohada.

No se trata solo de rectificar el comportamiento inadecuado, también es importante otorgar una opción de comportamiento positivo. Siempre que su hijo sea paciente, corrija sus propios comportamientos impulsivos o haga cualquier otra cosa positiva, no olvide elogiar sus esfuerzos. A Aries le encantan los elogios y le encanta ser el centro de atención. Cuando su hijo sabe que será elogiado, aumentará su disposición inherente a escuchar sus sugerencias.

Siempre que note que Aries está actuando mal, no lo castigue. Si lo hace, simplemente creará una asociación negativa. Además, los castigos no estimulan buenos comportamientos. Otro inconveniente de castigar a un niño es que se dañará la relación. Recuerde, es un niño que todavía está aprendiendo. Usted es un adulto y necesita tomar el control de la situación. Empiece por ser paciente. Aproveche esta oportunidad para mostrar el comportamiento que desea que sigan. Los niños aprenden de los demás, especialmente de los adultos que los rodean, así que no descuide sus propios comportamientos.

A los niños Aries les encanta traspasar los límites. Hacen esto para comprender hasta qué punto pueden salirse con la suya. Son intrínsecamente curiosos y, al traspasar los límites, aprenden mucho en la vida. Usted debe establecer ciertos límites claros y firmes. No se trata solo de crear estos límites, sino también de implementarlos. Además de implementarlos, asegúrese establecer ciertas consecuencias en caso de que se sobrepasen. Al hacer esto, estará ayudando a su pequeño a aumentar su tolerancia a la frustración. Con las consecuencias, el niño aprende automáticamente la relación entre una acción y su resultado. Si lo hacen bien, serán recompensados. Si hacen algo mal, enfrentarán consecuencias.

Los niños luchan por comprender y regular sus emociones. Bueno, la mayoría de los adultos también luchan con esto. Ayudar a un niño a regular sus emociones es importante. Aries es un signo ardiente y apasionado. Pueden ser consumidos por sus emociones si no se tiene cuidado. No es solo la ira lo que se magnifica, sino también la felicidad. Todo el mundo necesita controlar sus emociones. La forma más sencilla de enseñarle a su hijo sobre sus emociones es reconociéndolas. Incluso si no pueden regular sus emociones, reconozca lo que están sintiendo. Después de esto, enséñeles a identificar esas emociones.

Por ejemplo, si se da cuenta de que su hijo se ve un poco triste o enojado, dígale: "Puedo ver que estás un poco molesto en este momento". Al decir esto, no solo está reconociendo sus emociones, sino que también les está dando un nombre. Una vez que identifique sus emociones, anímelos a hacer lo mismo. Identificar sus emociones le brinda una mejor idea de lo que podrían estar experimentando y reconocer sus desencadenantes. Participe en conversaciones regulares sobre sentimientos y emociones. Enséñeles que no existen las emociones buenas o malas, pero que lo único que importa es lo que hacen con esas emociones.

Ahora es el momento de enseñar la diferencia entre sentimientos y comportamientos. Por ejemplo, si nota que su hijo está enojado porque no pudo jugar con su juguete favorito, llévelo a un lado y siéntese con él. Hable tranquilamente con ellos al respecto. Dígales que se da cuenta de que están molestos. Después de esto, exprese con calma la razón por la que cree que es el detonante de su ira. Al hacer esto, los ayuda a comprender lo que sucedió. Identificar los desencadenantes es una parte importante de la regulación de las emociones. Nunca castigue a su hijo por sus emociones. Todo lo que puede hacer es rectificar sus comportamientos.

Los arianos son increíbles para resolver problemas. Son muy creativos y pueden pensar rápidamente. Ahora es el momento de usar estos rasgos y enseñarle a su hijo ariano a resolver sus problemas. Si nota que su hijo tiene problemas con algo, anímelo a que lo resuelva de forma independiente. No haga nada por ellos que ellos mismos puedan hacer. Les enseña a ser independientes y alimenta su necesidad de independencia. Si se sienten frustrados cuando no pueden resolver el problema, ofrézcales ayuda.

Anímelos a buscar ayuda cuando la necesiten. Dado que Aries es naturalmente orgulloso, es importante enseñarles a tragarse su orgullo de vez en cuando por el bien de su propio bienestar. Muchos padres cometen el error común de tratar de calmar a sus hijos tan pronto como comienzan a comportarse mal. ¿Y por qué esto es algo malo? Bueno, no le enseña al niño las habilidades que necesita para manejar sus emociones. En cambio, simplemente transmite el mensaje; "Mamá o papá vendrán y te solucionarán el problema". El niño no debe acostumbrarse a una atención de este tipo. Los arianos aman la atención, pero también aman su independencia. Desde una edad temprana, inspírelos a ser independientes y progresarán.

Aries es famoso por ser terco. Este signo de fuego es inflexible sobre sus deseos, necesidades y aversiones. Son obstinados hasta el punto de ser excepcionalmente tercos. Este no es un rasgo que debas fomentar. Dominar a los demás no es un comportamiento deseable. La forma más sencilla de lidiar con el niño terco es escuchándolo. Los niños son más inteligentes de lo que les damos crédito. La próxima vez que su hijo comience a comportarse mal, intente escuchar lo que realmente está diciendo. La mayoría de los niños se vuelven desafiantes cuando saben que no los escuchan. Si les dedica todo su tiempo y atención, probablemente se calmen. Una vez que estén tranquilos, puede hablar sobre los comportamientos deseables.

Haga lo que haga, hay dos cosas que debe evitar. La primera es que nunca perder la calma. Lo segundo que debe tener en cuenta al tratar con niños es que no debe faltarles el respeto. Los arianos son sensibles a las críticas. Esta es solo una expresión de la energía ardiente que los gobierna. Si pierde la calma o les falta el respeto, dañará el vínculo que comparten. Además, también puede transmitir el mensaje equivocado de que no son lo suficientemente buenos.

Un último consejo: cuando se trata de niños, asegúrese de que haya coherencia. Si no es coherente con las cosas que dice y hace, los niños se confundirán. También les enseña que está bien romper las reglas. En cambio, todos los cuidadores principales en la vida del ariano deben seguir las mismas reglas del hogar. No pierda la paciencia mientras aprenden todo esto. Tomará tiempo y mucho esfuerzo, pero sus esfuerzos darán sus frutos. Los arianos están destinados al éxito en la vida. Al armarlos con las herramientas y habilidades adecuadas, puede asegurarse de que logren todos sus objetivos.

Capítulo 6: Aries enamorado

Compatibilidad con otros signos

Cuando se trata de su vida amorosa, observar la compatibilidad astrológica es una buena idea. La astrología ayuda a comprender mejor a uno mismo y al mundo en general. Como se mencionó, los nacidos bajo el mismo zodíaco comparten varias similitudes. Ciertos signos están destinados a estar juntos. Piense en la compatibilidad astrológica como el equivalente a "Está escrito en las estrellas". Si usted cree en el destino, comprenderá lo que esto significa. La compatibilidad de signos le ayudará a encontrar una pareja que comparta rasgos similares y complementarios. Esto es esencial para el éxito de cualquier relación.

En esta sección, veamos la compatibilidad de Aries con otros signos del zodíaco. Aprender sobre los rasgos de su personalidad y los de otros signos del zodíaco facilita la superación de los obstáculos que pueda enfrentar la relación.

Aries y Aries

La relación entre dos signos de fuego de alta tensión es extremadamente apasionante. Ambos desean ser el alfa en la relación. Es como jugar al juego de patatas calientes, lanzándolas de un lado a otro. Uno podría someterse a la voluntad o la regla de otro, pero solo con los dientes apretados. Aceptar algo sin protestar no es algo natural para este signo, pero ayuda a construir la confianza en la que se basa la relación. Aries es una paradoja del zodíaco. Es el primer signo y, por tanto, el infante del zodíaco. También es el héroe porque un planeta guerrero, Marte, lo gobierna. La paradoja es que Aries desea salvar y ser salvo simultáneamente.

Es necesario que haya un cambio regular de poder de un socio a otro en una relación entre dos Aries. Uno no siempre puede jugar al caballero de brillante armadura mientras que el otro es la damisela en apuros. Ambos deben adoptar ambos roles. Está bien permitir que su compañero se haga cargo y lo rescate de vez en cuando, pero hay una línea muy fina que ambos deben remarcar con cuidado. Bajar la guardia y ser un poco vulnerable no es lo mismo que caer en una espiral de impotencia. Además, no se quede atascado en un estado de parálisis por analizar demasiado un tema específico. Recuerde, nadie quiere cargar con la responsabilidad emocional de cuidar a un bebé adulto. Dado que los Aries son como bebés adultos, no olvide controlar este lado de su personalidad. Los Aries son extremadamente independientes y no pueden renunciar a su sentido de libertad, ni siquiera por el bien de una relación. Es importante mantener vidas personales separadas mientras se concentran en crear una vida juntos.

Los Aries son propensos a la agresión y la mejor manera de disipar esta angustia es mediante el esfuerzo físico. Ya sea que se trate de vivir aventuras juntos o disfrutar del sexo apasionado, la actividad física ayuda a eliminar estos sentimientos. Los Aries son conocidos por su pasión y libido. Esto puede recordarle a personas como Hugh Heffner. Aprenda a encontrar un terreno de mutuo acuerdo y no se encierre demasiado en sus maneras. Flexibilice sus términos. Es importante hacer pequeños compromisos y comprender las perspectivas de los demás.

Aries y Tauro

Cuando el carnero inflexible traba los cuernos con el toro obstinado, la relación será feroz y ardiente. Puede parecer una estampida de Pamplona, pero las llamas de la pasión nunca se apagarán. La agresión, ya sea civilizada o incivilizada, es parte de la naturaleza humana. En una relación entre un Aries y un Tauro, es importante recordar que ambos son extremadamente agresivos y obstinados. También es terco y encerrado en su manera de ser. Ambos signos tienen una variedad de tácticas arrolladoras para salirse con la suya. El primer enfrentamiento entre Aries y Tauro les ayudará a medirse entre sí. Estos signos anhelan una pareja que los mantenga a salvo y seguros. Pueden hacer esto por sí mismos, pero buscan rasgos similares en sus socios potenciales. Victoria y David Beckham son los ejemplos perfectos de un matrimonio de Aries y Tauro.

Reunirse, vestirse y hacer alarde de su superioridad inherente sobre el resto es algo que estos signos disfrutan. Es un buen pacto para ambos socios. En tal relación, un Tauro encuentra una pareja atractiva de la que están orgullosos y una pareja lujuriosa para satisfacer su libido. Por otro lado, Aries tiene un socio y proveedor de por vida que les proporciona creatividad ilimitada y mucho tiempo de juego, pero en el lado negativo, Tauro puede volverse extremadamente posesivo y restringir la libertad del ariano. Dado que Tauro es naturalmente indulgente, necesitan mantenerse activos para seguir el ritmo de sus energéticos compañeros arianos. La relación entre estos dos signos es similar a la de dos niños en el patio de recreo gritando "¡mío!" Dado que ambos signos del zodíaco requieren atención, es importante que los socios alternen entre los roles de dar y recibir.

Aries y Géminis

Según el zodíaco, Aries y Géminis son mejores amigos. Si son los mejores amigos, ofrecer beneficios adicionales ciertamente suena como una excelente idea. Es una gran idea, pero no se apresure. Ciertas similitudes que comparten estos signos pueden provocar combustión. Ambos son imprudentes, buscan gratificación instantánea y son impetuosos. Saben lo que quieren y lo quieren de inmediato. La emoción de jugar con los pies debajo de la mesa del comedor o participar en una conversación nerviosa puede hacerlos sentir como si fueran almas gemelas. Es importante ser espontáneo en una relación, pero cuando se combina la espontaneidad con la imprudencia, a menudo conduce a malas decisiones. Si no tiene cuidado, probablemente se lance al vacío de cabeza, creyendo que están destinado a estar juntos, sin siquiera llegar a conocerse. Son Aries y Géminis, ambos necesitan reducir la velocidad.

Dado que Aries y Géminis son buenos amigos, es posible establecer una relación sana y sólida. La química intelectual y la diversión física son dos elementos que no se pueden quitar de ambos signos. Lo único que debe recordar es mantener el ritmo. No permita que el aburrimiento se filtre y mantenga la emoción intacta. Para aliviar el aburrimiento y entenderse mejor, participen juntos en diferentes actividades. Pasen tiempo con amigos en común, participen de una actividad juntos o busquen un pequeño proyecto para satisfacer sus cortos períodos de atención. Un consejo simple: esta pareja necesita recurrir al otro en busca de consejos, especialmente en momentos de vulnerabilidad. Dado que estos dos signos son defensores del amor duro y la impaciencia, las conversaciones pueden volverse agotadoras rápidamente. Incluso una conversación sobre la vulnerabilidad puede convertirse rápidamente en una misión de búsqueda de fallos. El socio vulnerable podría percibir erróneamente el consejo de su socio como un ataque personal.

Entonces, aprendan a ser pacientes y compasivos el uno con el otro. Si ambos pueden bajar la guardia y pensar bien las cosas antes de actuar por impulsos, la relación será gratificante y maravillosa.

Aries y Cáncer

Cáncer gobierna la Cuarta Casa del Zodíaco y está asociado con el hogar, la familia y la maternidad. Aries es el bebé del calendario zodiacal. Esto podría traer una noción bastante inquietante de una relación edípica entre estos signos. A menos que atempere conscientemente estos rasgos y se concentre en el desarrollo personal, la relación no será saludable. En cambio, pasará automáticamente a los roles asociados con sus signos. Cáncer juega el papel de un padre mientras que Aries se convierte en un niño. Aries puede parecer un poco egoísta y egocéntrico, pero nunca con malas intenciones. En cambio, su estilo crudo y desorientado puede hacer que Cáncer se sienta resentido y consternado por la falta de comprensión de Aries.

Los cangrejos son cuidadores y dadores naturales, pero este signo también es muy vulnerable. Pero a Aries le encanta que lo mimen y que sea el centro de atención. Esta relación puede desencadenar los instintos maternos de Cáncer y hacer que complazcan a los arianos con todos sus caprichos y fantasías. Al final, Aries se convierte en un compañero exigente y mimado. Aunque los cangrejos tienen una capa exterior más dura, los arianos son los verdaderos guerreros, gobernados por el agresivo Marte. Aries ama su independencia, mientras que Cáncer se identifica con la familia. El carnero ama y prospera en libertad, mientras que el cangrejo puede ser posesivo. Hay espacio para muchos compromisos en la relación. Aunque puede volverse extremadamente competitivo y cada vez más arraigado en los celos. Si no se tiene cuidado, la relación rápidamente se volverá deprimente. Habrá días en los que ambos miembros de la pareja estarán inquietos y sus emociones se apoderarán de ellos. En lugar de recurrir al silencio, es mejor comunicarse abiertamente sobre sus necesidades y deseos.

Aries y Leo

Tanto Aries como Leo son signos de fuego, son aventureros, apasionados y aman el drama. Estos signos son llamativos y francos, y cada uno se esfuerza por cumplir con su agenda personal. Estas almas inquietas necesitan estimulación física e intelectual. Si las conversaciones se vuelven aburridas o vacías, la relación pierde su encanto. Dado que son signos de fuego, son increíblemente apasionados. Esta pasión también brota a la superficie en forma de crisis emocionales. Ninguno de los dos es experto en lidiar con su confusión emocional. También les resulta difícil lidiar con las emociones de los demás. Estas personas prosperan con la adrenalina y nos recuerdan a la célebre pareja de Jennifer Garner y Ben Affleck. Este dúo Aries-Leo se enamoró mientras filmaba la película de acción "Daredevil".

Dado que son signos de fuego, tanto Aries como Leo son independientes y aman su libertad. Buscan dejar su huella en el mundo y no les gusta que nadie se robe el centro de atención. De hecho, la relación se topa con obstáculos cuando una de las parejas intenta eclipsar a la otra. Si uno trata de hacer que el otro parezca irreflexivo o tonto, significa la pérdida de la relación. Estos dos signos no deben competir entre sí. La única persona con la que debe competir es con usted mismo. La relación no es una competencia y nadie tiene que ser el ganador o el perdedor. Aprendan a apoyarse y a animarse mutuamente. Mantenga viva la chispa y no se vuelva complaciente. La comodidad no es lo mismo que la complacencia. Una vez que la complacencia se infiltra, los socios tienden a perder interés en aportar esfuerzo a la relación.

Aries y Virgo

Los acoplamientos entre Aries y Virgo son comunes. La relación entre estos dos signos se trata de caminar por la delgada línea entre el amor y el odio. Aunque la atracción se siente predestinada e imposible de evitar, forma un acoplamiento contradictorio. Guiados por el fuego, los arianos aman la libertad y aman correr riesgos. Estas personas se enamoran perdidamente de los signos de Tierra, personas paternales y prudentes. Los Virgo se guían por la practicidad y todo tipo de protocolos. En cierto modo, Aries es a menudo la llama que toca las alas de gasa de un Virgo. Sin embargo, Virgo vuela voluntariamente cerca del fuego.

Estos signos vienen con un complejo de héroe natural que también se traduce en sus relaciones. Pero los signos buscan constantemente formas de arreglarse o exponer al otro a diferentes formas de vida. Los primeros meses de una relación entre Aries y Virgo son estimulantes y emocionantes. La pasión de Aries ayuda a Virgo a despertar mental, física e incluso sexualmente. Por otro lado, el cauteloso Virgo le enseña al carnero a reducir la velocidad y mirar a ambos lados antes de cruzar. Descubrir nuevos secretos sobre la personalidad de uno es una aventura emocionante para ambos signos.

El verdadero problema comienza una vez que desaparece este subidón hormonal. Hay ciertas diferencias evidentes que estos signos deben negociar para que la relación tenga éxito y sobreviva. Incluso las críticas bien intencionadas de Virgo pueden parecerle a Aries un asalto directo a su carácter. Virgo puede sentirse despreciado y resentido debido al egoísmo inherente asociado con Aries. Incluso después de escuchar a su compañero ariano durante horas y horas, los Virgo no obtendrán el crédito que buscan. Durante las etapas iniciales, esta pareja tiende a pasar mucho tiempo juntos. Pronto, se dan cuenta de que han pasado demasiado tiempo juntos y han perdido el contacto con el mundo exterior. Deben mantener y retener su sentido de individualidad en sus vidas personales, incluso cuando estén juntos. Los Virgo deben tener cuidado con sus críticas y no deben intentar cambiar demasiado a un Aries. Del mismo modo, Aries debe dejar de preocuparse demasiado por estar en el asiento del conductor e intentar soltar los controles de vez en cuando.

Aries y Libra

Aries y Libra son dos signos opuestos que se llevan bastante bien, pero la relación entre estos dos opuestos es a veces desconcertante. Aries se trata de uno mismo, mientras que Libra se trata de relaciones. Aries es un luchador y Libra es un amante. Estos extremos polares se combinan bien porque no solo se complementan entre sí, sino que cada uno compensa ciertos rasgos que el otro no posee. Aries es temperamental, temerario y rara vez da a otros el beneficio de la duda. No piensan antes de saltar y a menudo piensan en las consecuencias después de actuar. Bueno, pueden aprender a no hacer todo esto de su compañero, el sabio Libra.

Pero Libra a menudo es extremadamente complaciente y lucha por decir que no. Es hora de que aprendan a defenderse, comiencen a decir que no y, en lugar de preguntarse y pensar demasiado en las consecuencias, comiencen a actuar. Estas diferencias pueden ser un poco irritantes, pero si aprovechan adecuadamente su energía positiva, Libra y Aries pueden convertirse en una pareja equilibrada.

Los Libra son buenos oyentes y prestarán oído a Aries siempre que quieran despotricar. Los arianos también pueden esperar comentarios y consejos sensatos de los sabios Libra. Aries puede ayudar a sus homólogos de Libra a combatir su miedo al conflicto y enseñarles a defenderse por sí mismos. Para que esta relación tenga éxito, ambos necesitan ajustar su termostato interno. Aries es impulsivo, por lo que deben aprender a controlar su ira. Las demostraciones innecesarias de emociones concentradas desequilibrarán rápidamente las escalas internas de un Libra. El compromiso es la clave para que esta relación funcione. Libra necesita alejarse de sus elevados ideales y, en cambio, concentrarse en dar el primer paso. Los Aries tienden a saltar de cabeza hacia una relación, mientras que los Libra se toman todo el tiempo que necesitan para decidir si es lo correcto o no.

Aries y Escorpio

Marte gobierna a Aries y también ejerce cierto control sobre los Escorpio. La atracción física es lo primero que une a estos signos. La atracción sexual es tan grande que se siente como si los fuegos artificiales estuvieran constantemente encendidos cuando estos signos están juntos. Para ser justos, ninguno de los dos le tiene miedo a un poco de pólvora sexual. La alta intensidad del agua de Escorpio, junto con la potencia de fuego de Aries, provoca cierta carga. Sin embargo, este partido no puede durar mucho a menos que Escorpio se haya movido a un estado elevado. Aries no sabe entregar y Escorpio solo sabe retener. Siempre que un Aries extiende su mano para ayudar a Escorpio, su primer instinto es dar un paso atrás, lo que puede herir el ego del carnero. La energía de Aries consume mucho y puede dejar a Escorpio un poco asustado. Estas cosas pueden volverse rápidamente abrumadoras para un Escorpio. Por lo tanto, Aries necesita moderar el deseo crudo y controlarlo.

Los Aries son independientes y extrovertidos. Por lo tanto, les encanta pasar tiempo con diferentes círculos de amigos, conocidos o incluso extraños. Escorpio necesita moderar sus celos y posesividad. No tiene sentido tratar de controlar a un Aries porque nadie puede controlarlo realmente. El problema de esta relación es que ambos signos son sensibles al miedo al abandono. Para protegerse, intentan alejar a los demás. La paradoja de la autoprotección de desconectar a las personas antes de que las dejen se convertirá en la ruina de esta pareja.

Pero Aries cree que tiene derecho a lo mejor del mundo. Estos signos parecen decir: "Lo que es mío es mío y lo que es tuyo es mío". Cuando ambos socios están interesados en una relación, la pregunta importante a considerar es "¿Quién rellenará las arcas una vez que estén vacías?".

Aries y Sagitario

Estos dos signos de fuego se atraen naturalmente entre sí. La química y el amor no tardan en desarrollarse. Cada uno se sentirá como si se hubiera encontrado con el reflejo de su alma. Estos signos son independientes, aventureros, favorecen la lujuria, viven la vida en el momento y están llenos de confianza en sí mismos, que a menudo se confunde con arrogancia. También comparten el amor por el humor directo y comprenden y respetan la necesidad mutua de independencia y espacio en la relación. Bueno, todo parece bien, al menos al principio. Recuerde, Aries hace todo lo que puede cuando ama a alguien, pero este tipo de amor no es fácil para el carnero.

Esta pareja nunca se quedará sin temas mientras conversa. Pueden hablar de todo y de cualquier cosa, que es una de las razones por las que se sienten atraídos el uno por el otro. Cuando están juntos, incluso lo imposible parece factible, y su confianza natural comienza a dispararse. En el lado negativo, ambos signos viven en el momento y, por lo tanto, sus perspectivas pueden ser ligeramente miopes. Es probable que no todos sus planes se manifiesten en los resultados que desean. Cuando no lo hacen, ambos necesitan un seguro contra accidentes. Por lo tanto, esta pareja debe esforzarse por mirar hacia ambos lados antes de cruzar. Ambos son propensos a los episodios de pensamiento excesivo, que rápidamente drenan el ambiente optimista habitual que ambos aman.

La necesidad de atención y afecto de Aries es mayor que la necesidad de Sagitario. Puede hacer que Aries se sienta resentido si siente que necesita competir constantemente con la ajetreada vida y el horario de Sagitario para conseguir lo que quiere. Los Aries no solo quieren atención, sino que también creen que merecen todo esto y mucho más. Los momentos de necesidad de Aries pueden agitar al impaciente Sagitario. Cuando se lleva al límite, la ira ardiente combinada puede quemar rápidamente cualquier bosque. Sea consciente de su temperamento, aprenda a pensar antes de saltar al vacío y sea respetuoso con las necesidades y temperamentos de los demás.

Aries y Capricornio

Aries es un líder nato y siempre busca mantener la posición alfa en todas sus relaciones. Cuando un Aries y un Capricornio se juntan, el carnero finalmente se encuentra con su pareja cabra. Los Aries saben que la cabra es un líder experimentado. Esta relación es uno de los raros casos en los que a Aries no le importa mostrar algo de obediencia. El respeto natural que surge de Capricornio proviene del planeta que los gobierna: Saturno. Saturno impone autoridad, cumplimiento y respeto. Si Aries es el primogénito del zodíaco, la cabra es el signo del padre. La relación entre estos dos signos es similar a la de un caballero y un rey. Ambos signos son nobles, pero uno es claramente más antiguo y más sabio que el otro (Capricornio).

A veces, esto puede convertirse en un factor decisivo para los Aries en la relación, porque Aries valora demasiado su independencia, y la demostración natural de paternalismo de Capricornio puede volverse demasiado controladora para el luchador feroz. A pesar de que Aries es propenso a hacer berrinches y puede comportarse como un mocoso infernal, los Capricornio son imperturbables. De hecho, los capricornianos pueden encontrar divertidas las rabietas y arrebatos de Aries. Le darán al zodíaco más joven el espacio necesario para actuar. Una vez que estos dos signos comprenden y aceptan las reglas cósmicas, es más fácil mantener la relación. No solo son excelentes socios en el amor, sino también en los negocios. Aries es el guerrero y Capricornio es el general de cuatro estrellas. La vida es vista como un campo de batalla y ambos signos intentan conquistarla con su determinación. Cuando se juntan, no hay nada que no puedan lograr en equipo.

Los inquietos cascos del carnero se atenúan con el amor capricorniano por la estructura y la planificación. Se convierten en atrevidos compañeros de juegos que se divierten dentro y fuera del dormitorio. Los Aries son propensos a coquetear y a pasar demasiado tiempo con los demás. Esto puede poner un poco celoso al Capricornio convencional. Con el tiempo, los temores de la cabra pueden calmarse si la relación se basa en la confianza y el respeto mutuos. Una vez que se logran estas dos cosas, se crea una relación de apoyo saludable que es sostenible a largo plazo.

Aries y Acuario

Aries y Acuario forman un dúo brillante. El romance puede no ser tan emocionante como las carcajadas disfrutan. El simple hecho de que ambos sean capaces de defender su posición, tener respuestas inteligentes y no duden en ofrecer comentarios divertidos se convierte en algo excitante. Esta broma informal conduce rápidamente al dormitorio, y el sexo suele ser divertido y experimental. Incluso si no se inclina mucho hacia el lado emocional, al menos no durante las etapas iniciales, el sexo es divertido para estos signos. Casi se siente como si un Aries se hubiera encontrado con su gemelo acuariano y viceversa. Si esto no se controla, pronto ambos comenzarán a sentirse más como hermanos que como socios y amantes en una relación.

Sin embargo, los Aries no son conocidos por su capacidad de atención y se aburren rápidamente con las cosas. Si la relación se vuelve demasiado rutinaria, Aries perderá interés rápidamente. Los Aries son conocidos por sus intensos hechizos emocionales y requieren una atención emocional excesiva. Acuario, por otro lado, prefiere mantener las cosas ligeras y a veces puede parecer distante. Por lo tanto, un Aries podría sentir que el distante Acuario no satisface sus necesidades emocionales. Bueno, todo esto se reduce a la comunicación. Un Aries no se rinde hasta que se resuelven sus problemas y seguirá buscando formas de resolverlos. Un Acuario intenta resolver sus problemas con lógica o los postergará hasta que encuentre una solución. La determinación de un Aries puede llegar a ser demasiado para el Acuario casual y alegre.

El genial Acuario y el ardiente Aries expresan su afecto de manera diferente. La pasión y la fisicalidad del carnero pueden volverse un poco abrumadoras para el Acuario, que no siempre está de humor para el contacto. Si quieres que la relación entre un Acuario y un Aries sobreviva, ambos deben empujarse hacia las fronteras platónicas. Participen juntos de diferentes actividades, tómese el tiempo para viajar y pasen más tiempo hablando sobre las emociones. Acuario necesita darse cuenta de que está bien ser emocionalmente vulnerable, y Aries necesita respetar el tiempo que tarda un Acuario en abrirse. Si estos signos desarrollan su yo independiente, su reencuentro será increíblemente emocionante.

Aries y Piscis

Piscis es el último signo del zodíaco y Aries el primero. Son el Alfa (Aries) y Omega (Piscis). Son el anochecer y el amanecer. Uno no puede verse ni apreciarse sin el otro. Puede parecer que estos signos son extremadamente diferentes, pero los opuestos se atraen. A pesar de todas sus diferencias, hay mucho material para formar una relación. A los Aries les encanta ser adorados y, a menudo, anhelan ser el centro de atención. La naturaleza generosa de Piscis asegura que se cumplan todas las demandas de Aries. Piscis puede hacer y dar cualquier cosa en nombre del amor. Este tipo de amor ayuda al ariano a dejar atrás sus vulnerabilidades y ser su verdadero yo.

Aries puede seguir sus instintos naturales en esta relación mientras Piscis se prepara para las celebraciones. El único problema con esta pareja es que ambos tienen una imaginación poderosa y son soñadores. Si dos soñadores intentan conducir el timón de un barco, es probable que se desvíe del rumbo. Aries es un buen líder, pero necesita un copiloto fuerte. Piscis a menudo es inseguro y cae en períodos de impotencia, especialmente bajo estrés. Estos episodios de mal humor pueden ser un poco difíciles de manejar para los Aries. Piscis es pasivo-agresivo, mientras que Aries es naturalmente agresivo. Al cambiar sus estilos de comunicación y comprender cómo amarse como son, la relación prosperará.

Signos cúspide

El signo cúspide entre Piscis y Aries incluye a las personas que se inclinan hacia la excentricidad en la vida. Anhelan la estimulación intelectual más que cualquier otra cosa. Como era de esperar, buscan socios que les ofrezcan este tipo de estimulación. Géminis, Libra y Acuario son los signos de aire que pueden ofrecer a la cúspide Piscis-Aries la estimulación que anhelan. Los signos de aire son conocidos por su creatividad, espontaneidad, comprensión de la naturaleza humana y la capacidad de sostener una conversación. Sin embargo, siempre son los signos de tierra los que ayudan a equilibrar la energía de esta cúspide. Una persona en la cúspide Piscis-Aries no solo necesita un compañero que ilumine su mundo, sino que le brinde una sensación de equilibrio y apoyo firme.

La cúspide Aries-Tauro busca socios que ayuden a calmar su naturaleza agresiva. Sus socios necesitan una paciencia inmensa para lidiar con el liderazgo y el dominio combinados a los que es propensa esta cúspide. Estas personas no conocen límites y amarán a sus parejas incondicionalmente. La única advertencia es que este amante se marchará si sus parejas no cumplen con sus expectativas. Los mejores signos del zodíaco para esta cúspide incluyen Cáncer, Virgo, Libra, Tauro y Piscis.

Son extremadamente independientes, tienen formas salvajes y requieren socios igualmente fuertes. En el lado positivo, una vez que la cúspide sabe que está lista para establecerse, hará todo lo posible para cumplir con su compromiso. Todos los signos de tierra son buenos socios porque comprenderán su necesidad y deseo de tener éxito en la vida. Pero también se esforzarán por sobresalir. Por lo tanto, obtendrá toda la libertad que necesita. Estos signos también buscan una pareja que no se lastime fácilmente debido a su naturaleza temeraria. Por lo tanto, los signos de aire también son compañeros ideales. Los signos de aire son naturalmente independientes, lo que significa que no tomarán sus opiniones firmes como algo personal y respetarán su independencia. Estos espíritus de libre pensamiento vienen con su propio conjunto de opiniones fuertes, pero entienden que no hay dos individuos iguales y que habrá una diferencia de opiniones.

Aries adolescente

Los años de la adolescencia suelen ser tumultuosos. Es un poco más abrumador para un ariano. Dado que se sienten atraídos naturalmente por las cosas emocionantes, el amor les atrae fuertemente. Sin embargo, todas las diferentes propiedades discutidas en la sección anterior sobre sus fortalezas y debilidades juegan un papel en su vida amorosa, no solo en la edad adulta, sino también en la adolescencia.

Los Aries suelen estar ensimismados y se centran demasiado en todo lo que quieren lograr en la vida. Esto puede dificultar las relaciones. Si todo su tiempo, energía y esfuerzo se dedican a satisfacer sus propias necesidades, se quedará sin nada para su pareja. Por lo tanto, Aries debe decidir conscientemente tomarse un tiempo para sus parejas.

Aries tiene confianza en sí mismo y no le gusta depender de los demás. Cuando se trata de amor, debe mostrar sus vulnerabilidades. Está bien confiar en su pareja y aprender a confiar en su relación.

Una vez que la emoción de la relación se desvanece, Aries rápidamente pasa a otras cosas. Es hora de un poco de auto-introspección para comprender si la relación ha seguido su curso o simplemente usted está aburrido. Hay diferentes formas de lidiar con el aburrimiento, no todas implican terminar la relación.

Aprenda a gestionar sus expectativas en todos los aspectos de la vida. Aries a menudo se decepciona cuando las cosas no salen como se imaginaban. Dado que los Aries son soñadores, tienen grandes expectativas, no solo de sí mismos, sino también de los demás. Este tipo de expectativa puede significar rápidamente problemas en una relación.

A los Aries les encanta lanzarse de cabeza a nuevas aventuras en la vida y sus relaciones no son una excepción. Trate de abstenerse de hacer esto. Las relaciones nunca deben apresurarse, y su cultivo y mantenimiento requiere un tiempo, energía, esfuerzo y paciencia. A menos que esté dispuesto a cultivar todo esto, la relación no durará.

El primer amor de Aries

El primer amor es una de las experiencias más memorables que cualquiera puede tener en su vida. Embarcarse en su primera relación es un hito importante en su vida. No importa si la relación dura o no, nunca la olvidará. Cuando los arianos se enamoran, no se reprimen. Son directos y francos con sus amantes. No usan juegos mentales ni manipulaciones. Cuando un Aries sale con alguien, los socios saben en lo que se están metiendo. Obtienen exactamente lo que ven.

El primer amor es emocionante y puede ser un proceso un poco abrumador. La vida se siente mejor y todo se ve más brillante y hermoso que nunca. Todos estos sentimientos se magnifican para Aries. La pasión con la que aman no se parece a ninguna otra. La agresión del planeta Marte eleva directamente su pasión. ¿Recuerda cómo se sintió la primera vez que se enamoró o la primera vez que tuvo una relación real?

Los Aries son soñadores, pero también emprendedores. Una vez que ponen su mirada en alguien, van con todo lo que tienen. ¿Le resulta familiar? Bueno, aprendamos más sobre cómo Aries lidia con su primer amor y relación.

Aries se mueve rápido y vive el momento. Rara vez se detienen o se cuestionan. Si un Aries se enamora, será algo rápido. No hay otro signo que se enamore mejor que Aries. Son líderes valientes, natos y siempre quieren estar en el asiento del conductor. Cuando están enamorados, lo darán todo hasta conseguir lo que quieren. Su determinación y su enfoque nítido hacen que la búsqueda sea divertida e interesante. La emoción de enamorarse los embriaga. Bueno, Aries no solo lo sabe, sino que también aprecia esta emoción.

Es una reminiscencia de cómo un niño pequeño se siente atraído por un juguete nuevo y brillante hasta que aparece algo mejor y lo distrae. Así es como se comportan los arianos en las relaciones. Enamorarse es algo fácil y natural para Aries, pero permanecer enamorado es un juego completamente diferente.

Aries rara vez se pone nervioso, pero ante un nuevo amor o el primer amor, experimentan mariposas en el estómago como cualquier otra persona. No son los más expresivos de los signos del zodíaco y, a menudo, luchan con conversaciones sutiles. Si a un Aries le gusta alguien, será sincero al respecto. Son incapaces de lidiar con emociones abrumadoras. Si llega a ser demasiado, las emociones se apoderarán de ellos. Si un ariano se enamora por primera vez, será honesto y directo al respecto. Desde grandes gestos hasta simples demostraciones de amor y afecto, Aries lo hará todo. Incluso podría sentir que todo su mundo gira en torno a esa otra persona. Dado que los Aries a menudo están absortos en sí mismos, este cambio de percepción puede ser difícil. Puede provocar una serie de emociones conflictivas.

Si Aries se siente cómodo y feliz en la relación, dejará de lado el miedo a expresar sus vulnerabilidades. Los Aries son valientes y les encanta defenderse a sí mismos. Mostrar vulnerabilidades no les resulta fácil ni natural. Incluso si son apasionados, luchan para no sentirse vulnerables.

Aries en pareja

Romance embriagador, pasión, amor y afecto desenfrenado son algunas de las palabras que describen a un ariano en una relación. En esta sección, veamos cómo se comporta Aries en las relaciones.

Sin retenciones

Aries no sabe cómo reprimirse, y esto también es cierto para sus vidas amorosas. Son socios directos, honestos y francos. No usarán ningún juego mental. Con un Aries, usted obtiene precisamente lo que ve, no hay fachadas. Aries puede parecer un poco dominante y agresivo en la relación, pero nunca tiene mala intención. Todo esto se hace con entusiasmo general y una inocencia infantil que es difícil de encontrar. Aries trae consigo una cierta sensación de emoción a la relación, que es embriagadora. Esta embriagadora mezcla de emoción y romance hace que sea fácil ignorar su impulso de estar en el asiento del conductor todo el tiempo.

Como Aries, probablemente usted esté acostumbrado a tener siempre el control y hacerse cargo. Usted es quien siempre da el primer paso y no tiene reparos en ello. Con las relaciones, asegúrese de no ser demasiado fuerte con su pareja. Está bien hacerse cargo, pero intente respetar los límites de la otra persona.

Socios fuertes

Los Aries son personalidades extremadamente fuertes y buscan rasgos similares en sus parejas. Un Aries no puede lidiar con un compañero débil. No significa que estén buscando individuos dominantes o manipuladores. Simplemente significa que se sienten atraídos por personas que no dudan en poner el esfuerzo necesario para que las cosas funcionen. Si su pareja es pegajosa, necesitada o insegura acerca de la relación, probablemente le moleste. Aries odia a la gente manipulable y busca socios que sean tan luchadores y seguros como ellos.

Romance embriagador

A los Aries les encanta la emoción de enamorarse. Disfrutan de la persecución y les da una descarga de adrenalina que adoran. Su naturaleza extrovertida les presenta a personas de todos los ámbitos de la vida. Esto, a su vez, les presenta una variedad de socios potenciales. Esto, junto con su entusiasmo contagioso, energía y enfoque audaz de las relaciones, significa que Aries generalmente pasa por múltiples relaciones antes de encontrar su pareja perfecta. Su confianza, entusiasmo desenfrenado por la vida y libido saludable los convierten en una perspectiva atractiva.

Una vez que un Aries está en una relación, se vuelve protector. Los Aries protegen naturalmente todo lo que les es querido, y sus parejas no son una excepción. Este tipo de atención que brindan los arianos es emocionante y entrañable. No se exceden con su afecto, sino que buscan una pareja que pueda defenderse. El romance con ellos es embriagador. Esta embriagadora mezcla de rasgos los convierte en un amante y socio ideal.

Celos leves

Como se mencionó, Aries puede ser un poco posesivo, como un niño que dice: "Esto es mío". Una vez que un Aries piensa que algo es suyo, solo es suyo. Este tipo de pensamiento no es el resultado de inseguridades o procesos de pensamiento maliciosos. En cambio, es solo su naturaleza infantil en juego. A los Aries también les encanta la atención y no les gusta que su pareja no pueda brindarles la atención que creen que se merecen. Si ha experimentado este tipo de celos, recuerde mantenerlos bajo control. Recuerde, más para los demás no significa menos para usted. Siempre que se sienta celoso, es mejor hablar con su pareja al respecto. Muchos problemas en la relación se pueden resolver fácilmente con una comunicación abierta y honesta.

Un poco impaciente

Este signo de fuego no tiene miedo de correr riesgos y acepta desafíos sin pensarlo dos veces. A veces, eso conduce a malas decisiones, especialmente cuando no piensa en las consecuencias. Es posible que haya habido casos en su vida en los que pensó: "Bueno, parecía una buena idea en ese momento" o "Pensé que saldría mejor". Estos pensamientos son el resultado de su impaciencia. Esta impaciencia también lo seguirá en su vida amorosa, si no presta atención. Aries no es conocido por ser paciente o sutil. Por lo tanto, si los socios son demasiado cautelosos y reservados, se convierte en un apagón instantáneo. Antes de sacar conclusiones o decidir hacer algo, siempre es mejor hacer una pausa y pensar en lo que está sucediendo. No todo el mundo necesita resultados rápidos como usted. Aprenda a ser un poco paciente cuando se trate de manejar aspectos de su vida.

Compromiso

Este es un signo de que rápidamente se compromete con las relaciones. Desde la perspectiva de un Aries, el coqueteo y las citas son un medio para lograr un fin. El fin que tienen en mente es el compromiso. Para un Aries, comprometerse con una relación es similar a completar el tramo final de la carrera. Dado que están orientados a objetivos, comprometerse con la relación es la fase final del viaje que han emprendido. Están en esto a largo plazo y celebrarán cada victoria en el camino hasta que logren sus objetivos.

Si un ariano sabe que su pareja también está dispuesta a comprometerse, es el que cree en los grandes gestos. Comprarán flores y anillos y no esperarán a que las cosas sean definitivas. Desde hacer estallar la botella de champán hasta celebrar sus victorias, Aries quiere hacerlo todo. Puede ser un poco abrumador cuando un Aries hace todo esto. Hay un pequeño problema en cómo ve Aries un compromiso. Piensan en el compromiso como la batalla final que necesitan ganar en la guerra del amor para salir victoriosos. Una vez que ganan una guerra, no termina ahí. Buscan activamente otras guerras para ganar y otra razón para luchar. Todos aquellos en una relación con un Aries o comprometidos con un Aries deben asegurarse de que las batallas sean razonables y ayudarse mutuamente para encontrar la victoria. En lugar de comenzar nuevas batallas que vayan en contra de una relación, pueden canalizar toda su energía hacia la consecución de objetivos en diferentes aspectos de sus vidas juntos.

Una guía rápida para salir con un Aries

Aries ama el liderazgo y es bastante asertivo. Están organizados y eligen profesiones que les permitan expresarse y aprovechar esa energía libremente. Son apasionados, enérgicos y aman el control. Si usted está saliendo con un Aries o quiere salir con un Aries, aquí tiene algunos consejos que le serán útiles.

Aprenda a ser directo

Aries sabe lo que quiere y cómo conseguirlo. Si le gusta a un Aries, lo sabrá de inmediato. Si llamó su atención, espere mucho contacto visual, gestos y comentarios coquetos. Son honestos y no se andan con rodeos. Por lo tanto, aprenda a ser directo con ellos. Otros rasgos de personalidad se interpondrán en el camino, pero lo mejor que puede hacer es ser franco acerca de sus intenciones y motivaciones. Un Aries agradecerá su sinceridad.

Sea honesto

Dado que los Aries son honestos y no pueden mentir, aprecian la verdad y la honestidad. No pueden mentir para salvar su propio pellejo y luego esperar que sus socios no hagan lo mismo. En comparación con otros signos, Aries puede detectar mentiras fácilmente. Extender la verdad puede parecer una opción interesante para tentar y atraer a la persona que le gusta. Sin embargo, es probable que la estrategia sea contraproducente. Si Aries detecta que está mintiendo, omitiendo la verdad o siendo deshonesto, las cosas empeorarán rápidamente.

Defienda su postura

A los Aries les encanta tener el control y son conocidos por poner a prueba los límites. No hacen esto con intenciones maliciosas, es solo su naturaleza infantil. El bebé del calendario del zodíaco a menudo prueba los límites para ver hasta qué punto pueden salirse con la suya. Por lo tanto, defienda su posición e implemente sus límites. Es un signo de autorrespeto, y un Aries lo respetará por ello.

No se rinda y defienda todo en lo que cree, incluso si el ariano pone a prueba continuamente sus límites. No trate de regatear y, por supuesto, deje de dar demasiadas explicaciones. No retroceda y nunca deje espacio para la interpretación en las conversaciones con los arianos. Cuando se trata de implementar sus límites, asegúrese de dejar un poco de margen de maniobra. Sus límites son una señal de respeto por usted mismo y reconocimiento de todo lo que es aceptable e inaceptable para usted. Recuerde, siempre tiene la opción de irse cuando las cosas se vuelven demasiado difíciles de manejar.

Mucha socialización

Los Aries son extrovertidos y les encanta socializar. Si está saliendo con un Aries, prepárese para socializar. Los arianos se mezclan con diferentes grupos sociales y tienen una larga lista de amigos y conocidos. Si usted es introvertido o se inclina por la introversión, puede llegar a ser un poco difícil para usted. Sin embargo, no le de tanta importancia a este aspecto. A los Aries les encanta pasar tiempo con los demás, pero también les encanta su tiempo libre. Significa que debe estar preparado para interminables maratones de televisión, así como para una buena dosis de fiestas.

No renuncie a su independencia

Los Aries son independientes y aman su libertad. Buscan socios que compartan creencias similares. No puede quitarle a un Aries la necesidad de estar a solas. En cualquier relación sana, los socios deben conservar su identidad e independencia. Ambos necesitan tener sus propias vidas. El hecho de que estén saliendo no significa que tengan que pasar juntos cada segundo de sus vidas. De hecho, si se vuelve necesitado o pegajoso, alejará a su pareja ariana. Si es una persona independiente, salir con un Aries será perfecto.

Aporte emoción

¿Recuerda que Aries es el bebé del calendario zodiacal? Bueno, son curiosos y siempre están en busca de cosas nuevas. Al salir con un Aries, mantenga las cosas interesantes. No todo tiene que ser un gran gesto y no tiene que hacer ningún cambio radical en su personalidad o su vida. Pero intente mantener viva la chispa. Aries tiene una capacidad de atención increíblemente corta, y mantener su atención requerirá un esfuerzo considerable para ambas personas. No les gusta simplemente dejarse llevar por la marea. En cambio, buscan el entusiasmo constantemente Mantener las cosas interesantes es importante en cualquier relación sana. No se vuelva complaciente y no deje que su pareja se aburra.

Los Aries son extremadamente cariñosos. Incluso si tienen una mala reputación por coquetear, serán fieles una vez que lo amen y confíen en usted. El tipo de amor apasionado y feroz que un Aries es capaz de dar es diferente a cualquier otro. Sin embargo, también son un poco complicados. Abra su corazón y deje que su intuición guíe el camino. Salir con un Aries es similar a subir en una montaña rusa. Nunca habrá un momento aburrido, así que prepárese para el viaje de su vida.

Una guía rápida para que Aries experimente relaciones saludables

Aries es un compañero maravilloso y lleno de confianza y entusiasmo por la vida. Como Aries, su entusiasmo desenfrenado, inocencia infantil y entusiasmo por la vida se reflejan en todo lo que hace. Busca constantemente formas de hacer la vida más interesante. A menos que la vida sea una gran aventura, no se sentirá satisfecho. Cuando las cosas empiezan a parecer rutinarias, se aburre. Por lo tanto, debe buscar constantemente nuevos lugares para explorar con su pareja.

Los Aries tienen múltiples intereses, y por eso generalmente están rodeados de personas de todos los orígenes. No tiene vergüenza cuando se trata de pedir a otros que lo ayuden a lograr lo que desea. Sin embargo, no depende necesariamente de ellos para hacer realidad sus sueños. Su curiosidad natural es importante en una relación porque lo ayuda a comprender más a su pareja.

Los arianos están enfocados y determinados. Son emprendedores y no dudan en tomar la iniciativa. Esta iniciativa es útil para su vida personal. Usted tiene un círculo social inmenso y la energía mental y emocional necesaria para lograr sus objetivos. No tiene miedo de dar el primer paso. Esta es una habilidad útil, especialmente cuando se trata de resolver cualquier obstáculo que enfrente su relación.

A los Aries les gusta probar cosas nuevas y están abiertos al cambio. Su adaptabilidad lo hace lo suficientemente fuerte para lidiar con los altibajos de la relación. No se estanca en sus métodos y está dispuesto a explorar diferentes cosas hasta que encuentre algo que funcione para usted.

Los Aries son increíblemente amables con los demás, pero no son del tipo que sufrirán en silencio. No tienen miedo de llamar a las cosas por su nombre, independientemente de si los demás quieren ver su perspectiva. Este tipo de honestidad brutal no siempre es bienvenida.

También tienden a actuar sin pensar detenidamente en las consecuencias de sus acciones. En una relación romántica, pueden parecer desconsiderados. Por lo tanto, dedique algún tiempo a tratar de comprender lo que está haciendo antes de continuar. Recuerde, sus decisiones influyen no solo en el curso de su vida, sino también en la vida de los demás. No sea desconsiderado, trate de ser pensar un poco en los demás.

No tenga miedo de bajar la guardia y ser vulnerable. Aries tiene problemas para mostrar su vulnerabilidad. Si no puede hacer esto, desarrollar intimidad emocional se volverá difícil en una relación. Confíe en su pareja y tenga un poco de fe en la relación.

Se sabe que los Aries son temperamentales y de mal humor. No deje que su estado de ánimo afecte la relación. Usted no es el único ser humano capaz de sentir y experimentar las emociones. Los demás también sienten. Si quiere que su pareja esté ahí para usted en tiempos difíciles, aprenda a apoyarlos usted a ellos. Intente canalizar su angustia interior hacia las cosas positivas de la vida y las relaciones se volverán más fáciles.

Capítulo 7: Aries en una fiesta

Los humanos somos animales sociales y vivimos en sociedad. No podemos vivir aislados, el contacto social es bueno para nuestro bienestar general. Aprendemos y crecemos mientras interactuamos con los demás. Nuestro círculo social da forma a nuestras vidas e identidades personales. Los Aries son extrovertidos por naturaleza y se dan bien en las multitudes. Para Aries, su círculo social es muy importante. En este capítulo, aprenderá acerca de la compatibilidad de amistad de Aries con otros signos, consejos para formar y mantener amistades siendo un Aries y consejos para cultivar la amistad con Aries.

Amistad con otros signos

Aries

La amistad entre dos Aries une a dos individuos fuertes e inflexibles. Este signo siempre es abierto y honesto. Por lo tanto, no tiene que preocuparse por las intenciones maliciosas o la hipocresía cuando es amigo de otro Aries. Sin embargo, este ego puede obstaculizar el vínculo, ya que estos signos se ofenden fácilmente. A menudo tienen un amplio círculo de amigos y conocidos porque necesitan cambios y estímulos constantes. Cuando usted es amigo de un Aries, hay mucha estimulación disponible y no tiene que buscarla en ningún otro lado.

Tauro

La amistad entre Aries y Tauro es perfecta. Aporta equilibrio a la espontaneidad de Aries y la consideración de Tauro. El simple hecho de que sean extremadamente diferentes entre sí simplemente hace que la amistad sea tentadora y encantadora. Ayuda a crear el equilibrio adecuado de energía masculina y femenina. Cuando Aries necesita un oyente, Tauro está ahí para ellos con un oído atento y buenos consejos.

Géminis

La amistad entre estos dos signos es un hermoso equilibrio de energía física y fuerza intelectual. Se llevan bien porque la fuerza aireada de un Géminis apoya el espíritu ardiente de un Aries. Cuando trabajan juntos, pueden lograr resultados prolíficos debido a sus diferentes personalidades y habilidades de comunicación. Es una amistad complementaria donde ambos se benefician el uno del otro.

Cáncer

La estabilidad y la confianza son las características principales de una amistad entre Cáncer y Aries. A medida que la amistad se fortalece, también aumenta el sentido de comprensión entre los signos. Los elementos de agua y fuego no van bien juntos, pero pueden formar un equipo excepcional con el esfuerzo y la comprensión mutua.

Leo

La pasión y la energía son las características definitorias de la amistad entre Aries y Leo. Estos dos signos son increíblemente dinámicos, aventureros y tienen un espíritu competitivo saludable. El respeto y la admiración mutua, junto con la energía dinámica, hacen que la amistad sea fructífera para ambos signos.

Virgo

La armonía entre Aries y Virgo será duradera una vez que se acepten como son. Pueden ser signos opuestos, pero sus diferencias hacen que la amistad sea interesante y emocionante. Cada signo tiene la oportunidad de aprender más sobre sí mismo y descubrir algo nuevo del otro.

Libra

La unión de Marte y Venus trae consigo una sensación de armonía. Esto hace que la amistad entre Aries y Libra sea satisfactoria y mutuamente enriquecedora. A los Libra les encanta la colaboración y los Aries son increíblemente independientes. Por lo tanto, siempre habrá mucho terreno para explorar. En esta amistad, los signos nunca se quedarán sin temas para discutir.

Escorpio

Una vez que estos signos aprenden a superar sus personalidades naturalmente dominantes, la amistad puede ser divertida y emocionante. Su sentido del humor compartido es fascinante, pero también puede provocar luchas de poder. Si estos signos aprenden a dejar de lado sus diferencias y trabajan juntos, su energía combinada será inigualable.

Sagitario

Una amistad entre Aries y Sagitario siempre será divertida y entretenida. Sus rasgos similares y su amor por la emoción los hacen compatibles como amigos. Sin embargo, ambos signos son famosos por su mal genio. Una vez que aprendan a regular su ira, la amistad puede ser mutuamente inspiradora y beneficiosa.

Capricornio

Una vez que Aries y Capricornio aprendan a identificar y aceptar sus roles bien definidos en la amistad, pueden hacer maravillas juntos. Dado que estos dos signos son naturalmente competitivos, es importante garantizar que la competencia siempre se mantenga saludable. Su naturaleza competitiva también puede crear problemas de confianza innecesarios. Todo esto se puede eludir fácilmente mediante una comunicación abierta.

Acuario

La amistad entre Aries y Acuario puede ser competitiva, pero siempre será emocionante. Ambos signos son imaginativos y creativos. Por lo tanto, nunca se quedarán sin actividades para hacer juntos. Sus intereses y pasiones compartidos mantendrán una amistad, pero ambos son un poco tercos y necesitan aprender a comprometerse de vez en cuando.

Piscis

La amistad entre Aries y Piscis es mutuamente beneficiosa. Piscis aporta una sensación de estabilidad y equilibrio a la naturaleza mandona de un ariano. El primer y el último signo del zodíaco son amigos que no dudarán en estar al lado del otro en momentos de necesidad.

Ya sea la cúspide Aries-Tauro o Piscis-Aries, a estos signos les encanta explorar el mundo que los rodea. Su naturaleza extrovertida les facilita hacer y mantener amistades.

Cómo reconocer a un ariano en una fiesta

Las fiestas son divertidas y emocionantes. Le ayudan a interactuar con sus seres queridos y con desconocidos por igual. En las fiestas puede conocer mucha gente y tiene la oportunidad de relajarse. En cada fiesta o evento social, se reúnen diferentes tipos de personas. Algunas personas son grandes estrellas y otras son simplemente borrachos. Algunos juegan el papel de paparazzi, otros te ofrecerán bebidas, está también la niñera o la figura paterna, el jugador de beer pong, el bailarín, el DJ autodesignado, el bailarín de estilo libre o hasta el llorón. Reconocer a un ariano es bastante simple. ¿Por qué es tan fácil? Bueno, suelen ser el centro de atención y disfrutan de toda la atención que reciben.

Aries es como un rayo de luz que instantáneamente energiza y electrifica el ambiente de la fiesta. Desde que llegan hasta que se van, exigen la atención de todos. El impulso natural de buscar emoción los convierte en el alma de la fiesta. Estas personas suelen ser las que insisten en que todos sigan bebiendo. Están llenos de energía y es como si la irradiaran de sus cuerpos. También puede observarse su naturaleza naturalmente competitiva Ya sea un juego de beber o un pong de cerveza, Aries intentará ganar.

Si un Aries está organizando una reunión, lo sabrá. Algunos prefieren las reuniones informales, mientras que a otros les encantan las grandes reuniones donde la comida, el alcohol y la música fluyen libremente. Puede que no se dé cuenta, pero el signo del zodíaco también influye en el tipo de fiestas que organizamos. Dado que su signo solar influye en los rasgos básicos de su personalidad, el tipo de fiesta que desea organizar también será diferente. Los Aries no solo saben cómo dar vida a una fiesta, sino que su alta energía y vibraciones positivas pueden elevar el estado de ánimo instantáneamente. No se preocupan por los pequeños detalles y, en cambio, se concentran en el ambiente. No necesitan horas para planificar una fiesta y organizar una reunión brillante. Su carisma natural atrae a la gente. Además, si Aries está organizando una fiesta, es probable que haya una gran variedad de personas. ¿Recuerda los diferentes tipos de personas que se mencionaron anteriormente? En la fiesta de Aries, los encontrará a todos.

Aries como amigo

Un Aries típico suele tener muchos amigos. Son fieles y leales a sus amigos. Son verdaderamente confiables. Siempre puede contar con su amigo Aries para que lo apoye en momentos de necesidad. Independientemente de la hora del día, si los necesita, estarán allí para usted. Si usted logra superar su duro exterior, comprenderá lo maravillosos y vulnerables que son por dentro. Aries aprecia a los amigos que pueden valerse por sí mismos, no tienen miedo de actuar y tienen un sentido de la aventura. Exigen honestidad en todas las relaciones. Aunque son impulsivos y de mal genio, sus corazones siempre están en el lugar correcto. En una discusión o desacuerdo, esté preparado para que reaccionen con dureza. La buena noticia es que son incapaces de guardar rencor y la ira pasa rápidamente. Todo lo que se necesita es una sonrisa para hacer las cosas bien con un Aries. Después de todo, son el bebé del Zodíaco.

Como Aries, a pesar de que es un amigo ferozmente leal, es posible que haya habido casos en su vida en los que haya perdido a uno o dos amigos. A menudo sucede porque tiene un círculo amplio de amigos y realmente no se da cuenta del valor que los amigos agregan a su vida. También puede deberse al ensimismamiento asociado con su signo. Por lo general, los arianos pierden amigos por motivos personales. Por ejemplo, si un Aries ayuda a su amigo en momentos de necesidad, esperará que le devuelvan el favor. Si la otra persona no hace esto, Aries puede ser innecesariamente severo o agresivo. Un Aries no puede ser amigo de nadie que no lo respete o que no sea honesto. Por ejemplo, si un Aries se da cuenta de que lo han engañado o lo han menospreciado, no hay vuelta atrás. Será el fin de la amistad.

Cómo ser amigo de un Aries

Aries es un individuo divertido y optimista. La amistad con ellos es increíble. Son naturalmente aventureros, independientes, generosos y vibrantes. Siempre dan el primer paso para lograr el cambio que desean. Sin embargo, también pueden ser impacientes y malhumorados. Si tiene un amigo ariano o estás tratando de ser compañero de un Aries, es importante tener en cuenta su personalidad. En esta sección, veamos algunos consejos prácticos y sencillos para ser amigo de un ariano.

Compréndalos

Nadie puede ser amigo de otra persona si no es consciente de sus rasgos. Este conocimiento incluye una conciencia de sus rasgos positivos y negativos. Una vez que conozca mejor este signo del zodíaco, será más fácil comprender por qué se comporta de la manera en que lo hace. También entenderá su manera de pensar. En el lado positivo, Aries es valiente, generoso, innovador, leal, creativo, activo, seguro de sí mismo, entusiasta y divertido. Les gusta mantener el ambiente animado y relajado. No son del tipo que se bloquea con problemas o preocupaciones de la vida. En cambio, buscan formas creativas de superar cualquier desafío. En el lado negativo, son de mal genio, temerarios, indecisos, agresivos, impacientes y egoístas hasta cierto punto, sin mencionar que son dominantes, controladores y de mal humor.

Deles atención

A los Aries les encanta ser el centro de atención y siempre se asegurarán de recibir la atención que creen que merecen. Les encanta ser el centro de atención. Entonces, si quiere ser amigo de ariano, dele toda su atención. Cuando esté con ellos, no se concentre en otras cosas y hágale saber que está escuchándolo. También se sabe que los arianos tienen un gran ego, y mimarlos de vez en cuando puede ser beneficioso para la amistad. Sin embargo, no tiene que esforzarse por hacer las cosas por ellos. En su lugar, sea genuino y ofrezca algunos cumplidos honestos.

Entienda su amor por la velocidad

Los Aries no son conocidos por su paciencia. Son rápidos tanto en acciones como en pensamientos. Una vida de ritmo lento es algo que un Aries no puede manejar en absoluto. Esta es la razón por la que constantemente persiguen diferentes cosas en la vida. A menos que pueda igualar su velocidad o ritmo, no podrá ser su amigo. Como son impacientes, no les gusta esperar. Si puede mantener este ritmo, habrá encontrado un amigo genuino de por vida.

Sea aventurero

Rara vez habrá un momento aburrido en una amistad con un ariano. Tienen ideas emocionantes y nuevas aventuras en las que embarcarse. Aquellos que son tímidos o indecisos pueden necesitar salir de su zona de confort para adaptarse a un Aries. No significa que tenga que cambiar nada. Simplemente significa que debe ser más abierto. Si agrega algo de emoción y vitalidad a la vida de un Aries, la amistad se volverá realmente gratificante.

Deles su espacio

A los Aries les encanta estar rodeados de personas, pero también valoran su espacio personal. Son individuos ferozmente independientes que valoran mucho la libertad. Si un Aries siente que su libertad está restringida, cortará todos los lazos y correrá en la dirección opuesta. Aries detesta a las personas necesitadas, pegajosas y que no respetan su espacio personal. Como suelen estar de mal humor, necesitan momentos a solas para recuperar el equilibrio en sus vidas. Si un Aries dice que quiere estar solo, dele su espacio. Él se comunicará con usted pronto.

Sepa escuchar

El primer zodíaco es hablador y, a menudo, busca algunos oyentes. También son conocidos por despotricar sobre diferentes cosas que les molestan. Si un Aries está despotricando, déjelo. No interrumpa y ciertamente no ofrezca ningún consejo sin esperar a que termine de hablar. Simplemente preste un oído atento y déjeles entender que usted estará allí para ellos. A pesar de su exterior valiente, Aries es emocionalmente vulnerable. Se necesita mucho para que un Aries baje la guardia y permita que alguien más vea su interior.

Déjelos tener el control

Los Aries son líderes natos y les encanta tener el control de todas las situaciones de la vida. Ya sea en su vida privada o personal, siempre quieren estar en el asiento del conductor. Debido a sus cualidades de liderazgo, usted nunca podrá controlarlos realmente.

Deje que se hagan cargo de las cosas de vez en cuando y aprenda a pasar al segundo plano. Cuando haga esto, la amistad prosperará y conocerá más sobre su amigo ariano.

Consejos para que Aries forme amistades saludables y duraderas

A Aries le encanta conocer gente nueva y, a menudo, tiene un círculo variado de amigos. De hecho, tienden a tener amigos de todos los ámbitos de la vida. Ya sea el cartero del vecindario o los niños que juegan en el parque, Aries puede llevarse bien con cualquiera. Sin embargo, existe una diferencia entre llevarse bien con los demás y hacer verdaderos amigos. En esta sección, veamos algunos consejos sencillos que puede seguir para cultivar y mantener amistades saludables y duraderas.

Acto de equilibrio

Aries comprende la importancia de la honestidad y la sinceridad en la vida. No pueden soportar la pretensión. Con un Aries, obtienes prácticamente lo que ves. Son brutalmente honestos, lo que no siempre se agradece. Por lo tanto, aprenda a encontrar un equilibrio entre el tacto y la realidad. Está bien querer ser real todo el tiempo, pero aprenda a evaluar el estado de ánimo de su amigo antes de decir algo. Un poco de diplomacia no hará daño a nadie y ayudará a fortalecer sus amistades. Por ejemplo, si nota que su amigo está triste por una mala decisión que ha tomado, no es el momento de decir: "Te lo dije". En su lugar, esté ahí para ellos y podrá ofrecer sus ideas y consejos más tarde.

Ser un buen oyente

Aries espera que los demás los escuchen, pero rara vez son buenos oyentes. Cultive la paciencia necesaria para ser un buen oyente. Escuchar se ha convertido en un arte perdido en estos días, y cultivar esta habilidad será útil en todos los aspectos de su vida, no solo en las amistades. Cuando escucha a alguien, demuestre que se preocupa y comprende. También demuestra que respeta lo que dice la otra persona. Si se das cuenta de que su amigo le está hablando de algo, preste atención a lo que está diciendo. Olvídese de sus problemas por un minuto y escúchelos. Ninguna amistad puede sobrevivir si ambos no están dispuestos a escuchar. Además, cuando pregunte sobre la vida de su amigo y su bienestar general, demuestre que está interesado en todo lo que tiene que decir.

Hacerse algo de tiempo

Probablemente tenga muchos amigos, y esto no tiene nada de malo. Sin embargo, si desea cultivar y mantener amistades saludables y duraderas, debe dedicar tiempo a sus amigos. Una amistad no puede sostenerse por sí misma si no puede ofrecer su tiempo y atención. Puede haber cientos de cosas para hacer, pero sus amigos también son importantes. No se olvide de retribuir a sus amistades. El tiempo es uno de los mejores regalos que le puede dar a alguien.

No tratar de tener siempre el control

Como ariano, está en su naturaleza tratar siempre de controlar las situaciones. Sin embargo, si espera que los demás lo escuchen todo el tiempo o se enoja si no se sale con la suya, arruinará las relaciones. Aprenda a comprender que habrá casos en los que necesite ceder el mando. Si su amigo lo escuchó anteriormente, ahora es el momento de devolverle el favor y escucharlo usted a él. Está bien no estar a cargo de todo. Aprenda a dejar de lado su obsesiva necesidad de control y, en cambio, relájese.

Motivación y aprecio

A los Aries les encanta que los motiven y los aprecien por sus cosas positivos y todo lo que hacen en la vida. Debe dar tanto como reciba Una relación no puede sobrevivir si no hay reciprocidad. Por lo tanto, comience a mostrar el tipo de comportamiento que disfruta. Si su amigo está emocionado por algo, comparta su entusiasmo. Aprenda a apreciar todo lo que sus amigos hacen por usted. No dé por sentada la relación y, desde luego, no ignore sus amistades.

Lidiar con los conflictos

Se sabe que los arianos son agresivos y de mal genio. Aprenda a controlar y neutralizar su agresión sin atacar a sus amigos. Es probable que surja una diferencia de opiniones en cualquier relación. Es importante poder afrontarlo de forma positiva. El hecho de que tenga una opinión no significa que los demás estén equivocados. Comprenda que puede haber múltiples opiniones y todas ellas pueden ser ciertas. No es necesario que uno esté equivocado para que el otro tenga razón. Recuerde, no todo el mundo piensa y se comporta como usted. Aprenda a ser considerado con los sentimientos y emociones de los demás y no solo con los suyos. No se enrede tanto en su propia vida como para no tener tiempo para los demás. Maneje los conflictos de manera positiva y controle su temperamento.

Capítulo 8: Aries en el trabajo

El trabajo es una parte importante de la vida. No es solo un medio
para un fin o una forma de sustento, sino que también es parte de su
vida. En promedio, una jornada laboral habitual dura entre 6 y 8
horas al día. Se cree que una persona promedio pasa alrededor de
90.000 horas en el trabajo. Sí, leyó bien, ¡90.000 horas! Esa es una
parte considerable de su vida dedicada al trabajo. Por lo tanto, es
importante asegurarse de estar en el trabajo correcto y de haber
creado el entorno de trabajo adecuado. Trabajar en un espacio que
no le gusta se volverá estresante y frustrante. Del mismo modo, si su
profesión no combina con sus puntos fuertes, aumentará la
frustración.

En esta sección, veamos cómo se comporta Aries en el trabajo, sus
opciones profesionales ideales y consejos para aumentar su
productividad laboral. Toda la información de este capítulo se basa en
los rasgos principales de los arianos. Le ayudará a aprovechar al
máximo sus fortalezas y superar cualquier desafío que se le presente.

Identificar a un Aries en el trabajo

Los Aries son líderes natos y esta cualidad brilla intensamente en el lugar de trabajo. Son entusiastas, motivados e innovadores. Son independientes y odian las rutinas. Es fácil identificar a un Aries en el trabajo. ¿Ha notado que hay un compañero de trabajo específico que siempre se ofrece como voluntario para hacer las cosas? ¿Quizás toma la iniciativa de organizar fiestas en el trabajo o lidera algún proyecto? Lo más probable es que sea ariano.

Toda oficina tiene su propio lugar de cotilleo. Durante los descansos, seguramente encontrará a un arriano allí, rodeado de una multitud. Dado que aman la atención y la interacción con los demás, el chisme es algo natural para ellos. Sin embargo, no difundirán mentiras maliciosas sobre otros. Está en su naturaleza ser veraz y honesto. Los juegos mentales no son algo de Aries, y no tiene que preocuparse de que difundan rumores

Si alguna vez nota a un compañero de trabajo que tiene sus auriculares puestos y parece estar perdido en su propio mundo, es probable que sea un ariano. Aries está absorto en sí mismo y se ve impulsado a sus causas. No les importa si los demás los entienden o no.

Los arianos son emprendedores y su ardiente pasión se puede ver en su trabajo. Son competentes, versátiles y pueden adaptarse a cualquier entorno. Pero prefieren que su entorno de trabajo sea animado y proactivo.

Carreras ideales para Aries

Aries es el signo zodiacal más competitivo. Si tiene el deseo de ser el mejor en todo lo que hace, usted es un verdadero ariano. No es ningún secreto que a los Aries les encanta ganar y no hay nada que se interponga en su camino. Aries ama los desafíos, pero es impaciente. Son extremadamente valientes, ambiciosos y suelen hacerse cargo de cualquier situación. Quizás el mayor desafío que enfrentará en todos los aspectos de su vida como Aries es su temperamento y actitud

ardientes. Una vez que controle estas cosas y las reemplace con
paciencia, podrá aprovechar al máximo sus fortalezas. En esta
sección, veamos las opciones profesionales ideales para los arianos.

El mundo moderno en el que vivimos es increíblemente
acelerado. Hay mucha competencia que debe superar para encontrar
el trabajo que desea. Encontrar el trabajo adecuado le ayuda a
canalizar su creatividad y da salida a toda su energía creativa. Estos
factores pueden ayudarlo a brillar en cualquier área que elija. Al
analizar su signo del zodíaco, puede usar la astrología para encontrar
la carrera profesional ideal para usted.

Emprendedor

Un rol empresarial es ideal para este pionero del zodiaco. Son
independientes, ambiciosos y dedicados. En lugar de trabajar con otra
persona, los arianos progresan al trabajar de forma independiente.
Cualquier aventura empresarial, ya sea en línea o no, es una buena
opción. Su disposición a asumir riesgos y su capacidad de
recuperación junto con sus habilidades de liderazgo lo convierten en
un buen emprendedor.

Cirujanos

Los arianos son personas altamente competitivas, dedicadas y
trabajadoras. Estos son tres rasgos que resultan útiles en el campo de
la medicina. Siempre existen riesgos cuando están en juego vidas
humanas. Por lo tanto, el desafío es alto y las recompensas increíbles.
Esto es algo que un ariano realmente anhela. También hace un buen
uso de sus habilidades de análisis y toma de decisiones.

Corredor de bolsa

Los Aries son buenos corredores de bolsa porque esta profesión
requiere buenos impulsos. Tomar decisiones en una fracción de
segundo puede marcar la diferencia entre las ganancias y las grandes
pérdidas. Dado que Aries puede pensar con rapidez y adaptarse
fácilmente a las situaciones, debe considerar esta opción. Asumir
riesgos requiere cierto grado de valentía y coraje. Negociar en el

mercado de valores requiere que una persona se mantenga firme y mantenga una posición incluso frente a las dificultades y obstáculos. Bueno, ¿no parece el trabajo perfecto para un ariano? Dado que los riesgos son tan altos, las recompensas son igualmente altas. Todo esto actúa simplemente como un incentivo.

Administrador de hotel

Cualquier profesión en la que el ariano interactúe con otros es una experiencia gratificante. Un puesto directivo requiere buenas habilidades con las personas, y Aries ciertamente las posee en montones. Son organizadores increíbles y pueden administrar las cosas fácilmente. Los trabajos de gestión hotelera son emocionantes y agradables. También requiere la capacidad de adaptarse fácilmente a diferentes situaciones. Esto, junto con el hecho de que el ariano domina el papel de liderazgo, hace que el trabajo sea aún más satisfactorio.

Marketing

Cualquier profesión que involucre al extrovertido carnero para interactuar con los demás es una buena idea. El marketing es una opción obvia. No solo aviva las llamas de liderazgo en un Aries, sino que proporciona una salida para sus energías creativas. Su capacidad para mantenerse al tanto de los cambios y su adaptabilidad son dos características que resultan útiles en una función de marketing.

Fuerzas policiales

El sentido inherente de responsabilidad y el coraje interior de un Aries son ideales en el área de la ley. No tienen miedo de mantenerse firmes, incluso en circunstancias difíciles. Cuando un Aries cree en algo, no duda en dar el 100% para ver los resultados. Esta dedicación y su deseo de ayudar a los demás los convierten en un candidato perfecto para la aplicación de la ley.

Bombero

Al igual que con las fuerzas del orden, cualquier función del servicio público ayuda a canalizar la fuerza interior, el coraje, la integridad y la fuerza de voluntad de un Aries. Dado que el fuego es el elemento asociado con este signo, son bomberos intrépidos.

Servicio militar

Los Aries son enérgicos y su fuerza física es superior a la de otros signos del zodíaco. Una vez que un Aries toma una decisión sobre algo, se apegará a ella y cumplirá su promesa. Esto los hace ideales para el servicio militar. También les da la oportunidad de aprovechar al máximo su agresión interior y canalizarla de manera constructiva.

Atleta profesional

Para ser un atleta exitoso, necesita un sentido de motivación y dedicación. Dado que los Aries están motivados y dispuestos a correr riesgos, tienden a desempeñarse mejor, incluso en circunstancias estresantes. Convertirse en un atleta profesional ayuda a canalizar su fuerza interior y da un buen uso a su inmensa fuerza de voluntad y perseverancia.

Piloto

A los Aries les encanta hacer todo por su cuenta, y esta es la razón por la que son grandes líderes. Pueden pensar rápidamente, adaptarse a la situación sin ninguna dificultad y no tienen miedo de tomar decisiones incluso en circunstancias difíciles. Estos son todos los rasgos que necesita un piloto al maniobrar un avión. Por lo tanto, los Aries serán grandes pilotos.

Abogado

Los Aries son obstinados y no dudan en defender o defenderse. Si un Aries cree en algo, lo mantendrá sin importar lo que digan los demás. Esto es muy útil en el campo del derecho. Convertirse en abogado será un gran uso de sus habilidades de comunicación efectiva. Dado que los Aries son oradores convincentes y pueden impresionar a los demás fácilmente, esto puede influir en los juicios a su favor. Esa determinación, resistencia y confianza los convierten en buenos abogados.

Consejos para superar los desafíos en el trabajo

El intrépido planeta Marte rige a Aries, y su elemento es el fuego. Por lo tanto, su naturaleza ardiente le permite superar cualquier obstáculo o problema que se le presente. Rara vez les temen a los obstáculos o cualquier otro inconveniente que enfrente en la vida. Independientemente del campo que elija, intentará ser pionero en él.

Las cosas que vale la pena tener en la vida rara vez son fáciles. Habrá obstáculos en todos los aspectos de su vida. Al aprovechar su fuego interior, puede convertir cualquier desafío en una oportunidad de aprendizaje.

Lidiar con el comportamiento impulsivo

El comportamiento impulsivo lo hará tomar decisiones precipitadas. Los planes improvisados pueden ser emocionantes para su espíritu y pasión ardientes. Sin embargo, este comportamiento rara vez es deseable en el trabajo. No permita que sus impulsos ganen, aprenda a regularlos. Si cede a todos sus caprichos, no podrá llegar a nada en el trabajo. Una vez que controle sus impulsos, será más fácil ver todo lo que necesita completar. Le brinda una mejor perspectiva de los desafíos y oportunidades disponibles.

No viva de mal humor

No permita que su estado de ánimo se apodere de usted. Recuerde, usted siempre tiene el control de sus emociones y comportamientos. No puede regular cómo se sienten o actúan los demás, pero puede regular sus propios comportamientos. Si permite que su estado de ánimo dicte sus comportamientos, terminará lastimándose a sí mismo y a los demás en el proceso. Si se siente abrumado, tómese un descanso de lo que esté haciendo, recupere la compostura y luego vuelva a la tarea en cuestión.

Regule su naturaleza mandona

Los Aries son proactivos, les encanta tomar la iniciativa y afrontan los desafíos de frente. Estos rasgos los convierten en líderes naturales. Pero recuerde, no siempre es necesario ser un líder para completar tareas o alcanzar sus metas. También puede desempeñar el papel de miembro del equipo. Cuando está en el trabajo, nunca está solo y necesita coordinar y comunicarse con los demás para hacer las cosas. Por lo tanto, Aries necesita aprender a regular su naturaleza mandona. No intente dominar a los demás. Si cree que tiene una idea increíblemente buena, hable con otros sobre ella en lugar de someter esta idea a la fuerza. Además, el hecho de que tenga una buena idea no significa que los demás no sean capaces de pensar. No crea que siempre sabe lo que es mejor y aprenda a convertirse en un jugador de equipo.

Escuche a otros

Si quiere que los demás lo escuchen, debe corresponder. Nadie lo escuchará si sabe que no tiene intención de escucharlos. Escuchar no significa simplemente escuchar sus palabras. En su lugar, intente ver las cosas desde su perspectiva. Cuando considera múltiples perspectivas, será más objetivo y mejorará sus habilidades para tomar decisiones. Nunca se sabe, es posible que otros tengan mejores ideas que usted. A menos que escuche, no podrá aprovechar al máximo los recursos a su disposición.

Siempre finalice las tareas

Los Aries se distraen fácilmente. Si la tarea se vuelve rutinaria o monótona, o si surge algo mejor, Aries se distraerá. Los bebés del calendario zodiacal tienen la capacidad de atención de un niño. Aprenda a concentrarse y vivir el momento. No significa que no deba concentrarse en otras cosas de la vida. Simplemente significa que cuando esté trabajando en una tarea, asegúrese de llevarla hasta su conclusión. A menos que complete una tarea, no pase a otra. Cuando completa las tareas y cumple las promesas, se vuelve una persona confiable.

Consejos para crear una vida laboral satisfactoria

Es importante planificar.

Los Aries son naturalmente espontáneos y bastante impulsivos. No hacen planes detallados sobre lo que quieren hacer. En cambio, simplemente se les ocurre una meta y tratan de resolver las cosas a medida que avanzan. Cuando se trata de la vida laboral, la espontaneidad hace más daño que bien. Si no tiene planes, se vuelve difícil concentrarse en la tarea que tiene entre manos. Lo más probable es que termine distrayéndose con otras cosas en lugar de concentrarse en sus objetivos. Una vez que empiece a planificar, mejorará la gestión de su tiempo. La gestión del tiempo es una habilidad crucial para establecer un equilibrio entre el trabajo y la vida. Una vez que descubra cómo administrar mejor su tiempo, le dará una idea de sus prioridades y los diferentes objetivos que desea alcanzar. También garantiza que le quede suficiente tiempo para hacer las cosas que realmente disfruta además de trabajar.

Trabajar la comunicación

Los Aries son bastante obstinados y son oradores efectivos. Bueno, también debe ser un oyente eficaz. No siempre puede esperar que los demás lo escuchen a usted. Por lo tanto, esfuércese por mejorar sus habilidades comunicativas. Los Aries son honestos, carecen de tacto y no son sutiles. La diplomacia no les resulta fácil. Cuando combina todos estos rasgos, aumentan las posibilidades de falta de comunicación y conflictos en el trabajo. Por ejemplo, si cree que la idea de otra persona no es buena y dice: "Eso es una tontería" o "¿Cómo se te ocurrió una idea tan estúpida?". No es nada bueno. Honestamente, podría ser una opinión estúpida, pero a nadie le gusta que le digan que es estúpido. Aprenda a manejar sus opiniones y no parezca un sabelotodo. Concéntrese no solo en su comunicación verbal, sino también en la comunicación no verbal.

Canalice su creatividad

Busque diferentes formas en las que pueda canalizar su creatividad interior. Su ardiente pasión le permite ver oportunidades donde todos los demás ven desafíos. Confíe en su instinto, pero también escuche a su cerebro racional. No deje de lado la racionalidad a la hora de trabajar.

Tome descansos

Los Aries generalmente creen que pueden lograr cualquier cosa y todo lo que se propongan. Esta es una actitud útil y optimista para tener en la vida. Pero si no tiene cuidado, estará sobrecargado de trabajo. Asuma tareas que sabe que puede completar. Esfuércese, pero conozca sus límites. Usted no es una máquina incansable y toda su energía interior necesita reponerse. Respétese a usted mismo y a sus límites. Tome descansos mientras trabaja y no se presione hasta el límite.

Pasos pequeños

Los Aries a menudo se fijan metas elevadas. El único problema con ideales y metas tan elevados es que aumentan las posibilidades de decepción. Asegúrese de que sus objetivos sean pequeños, manejables, alcanzables, realistas y de duración determinada. Si establece metas increíblemente grandes, aumenta su insatisfacción y frustración. Al gestionar sus expectativas, las cosas se vuelven más fáciles. Sea realista sobre todo lo que puede y no puede hacer.

Evite el multitasking

No intente realizar múltiples tareas. Cuando realiza múltiples tareas, simplemente aumenta el estrés mental y reduce la productividad. Su valentía, energía y naturaleza agresiva pueden hacerle creer que puede abordar todo lo que se le presente. Esto es cierto hasta cierto punto. Los Aries son resistentes y fuertes. Sin embargo, sería mejor que se exija de más. Si asume demasiadas cosas, simplemente se agotará, aumentando la frustración y el resentimiento.

¿Recuerda que se mencionó que la planificación es importante? Evite la multitarea cuando comience a planificar.

Capítulo 9: ¿Qué necesita Aries?

A estas alturas, se habrá dado cuenta de lo maravilloso que es Aries. Ya sea por su iniciativa de ser un líder o por su lealtad como amigos, son personas increíbles. En este capítulo, veamos algunos consejos sencillos y prácticos para aprovechar sus puntos fuertes como Aries y lidiar eficazmente con los Aries en su vida.

Consejos para aprovechar sus fortalezas

• "La fortuna favorece a los atrevidos" encaja perfectamente con los ardientes arianos. Los arianos son líderes audaces, dinámicos, valientes, resistentes y naturales.

• La confianza en sí mismo que emana de un Aries no tiene rival. Son extremadamente seguros de sí mismos, y este rasgo les permite encantar su camino. Ya sea una entrevista o una fiesta, saben cómo dominar el ambiente.

• Los Aries son enérgicos, activos y orientados a objetivos. Tiene lo necesario para alcanzar sus objetivos y nunca se rinde. Aférrese a su espíritu de lucha y sea resistente.

• El amor por la aventura es un rasgo que todos los Aries comparten independientemente de su edad o género. Canalice su capacidad de asumir riesgos para lograr sus objetivos. Sin miedo al fracaso, es más fácil salir adelante. Tome riesgos solo cuando sea necesario y confíe en su instinto.

• Los arianos están en contacto con sus impulsos y son espontáneos. Si se presenta una oportunidad, agárrela con ambas manos antes de que se escape. Sus impulsos lo distinguen de los demás. Su fuerza y coraje internos son la combinación perfecta que puede canalizar para aprovechar al máximo cualquier oportunidad que se le presente.

• Su confianza un recurso brillante y nunca debe dejarlo ir. Si cree en algo, apéguese a ello independientemente de lo que digan los demás. Sea firme no solo por usted, sino también por aquellos que no pueden hacerlo por sí mismos.

• Usted es ingenioso. Utilice su creatividad e innovación para obtener los resultados deseados en la vida. Puede tener éxito, siempre que se lo proponga. Muestre iniciativa y permita que su líder interior brille.

• Los arianos tienen varios rasgos excelentes, pero también tienen ciertas debilidades. La buena noticia es que estas debilidades se pueden superar fácilmente con un poco de esfuerzo y dedicación.

• A los Aries les gusta trabajar solos debido a su naturaleza emprendedora. Es posible que tenga creencias firmes y la capacidad de defenderlas. Sin embargo, no significa que deba ignorar a los demás. Aprenda a ser un buen oyente y le ayudará a magnificar sus puntos fuertes.

• Sea paciente en todos los aspectos de su vida. Cuando busca resultados instantáneos, a menudo se prepara para la decepción. Una vez que domine el arte de la paciencia, el éxito estará más cerca que nunca. Tiene lo necesario para triunfar, pero tenga paciencia.

• No se involucre tanto en su propio mundo como para olvidarse de los demás. Usted es un amigo fiel y cariñoso. Aprenda a corresponder todo lo que desee de sus amigos. Cuando se vuelve egocéntrico, causa mucha fricción en sus relaciones. También lo hace parecer irresponsable y hace sentir a los demás que no son tan importantes. Está bien poner a los demás en primer lugar de vez en cuando, esto no reduce su autoestima.

• No sea demasiado ansioso o inflexible por estar siempre a cargo de las situaciones de la vida. Aprenda a dejar de lado esta necesidad de tener el control y la vida será hermosa. Tan hermosa como estar a cargo.

• Dele a los demás la oportunidad de brillar. Aprenda a celebrar las victorias de los demás y a difundir la felicidad.

• Controle sus impulsos y piense antes de actuar. Ser impulsivo lo ayudará a aprovechar las oportunidades. Pero apresurarse no siempre es bueno porque las posibilidades de fallar son bastante altas cuando se lanza de cabeza. Sin embargo, si lo piensa un poco antes de saltar, los resultados valdrán la pena.

• Los arianos son buenos para adaptarse a diferentes circunstancias de la vida y aceptan el cambio con facilidad. Aférrese a esto y no sea terco. Si se obsesiona demasiado con su propia manera de hacer las cosas, no saldrá adelante en la vida. Aprenda a ser flexible sin comprometer sus valores fundamentales.

• No deje que su ego se interponga en las relaciones. Si cree en la relación, nunca priorice su ego.

• El carnero está gobernado por el agresivo planeta Marte. Esto lo hace temperamental y agresivo. Aprenda a manejar su agresividad natural. Elija sus batallas sabiamente. Si no está atento, esta ira puede consumirlo y eliminar todo rastro de felicidad de su vida.

• Es posible que tenga dificultades para pedir ayuda a los demás, pero deje su orgullo de lado cuando sea necesario. El orgullo es bueno, pero si le impide avanzar, déjelo ir. Incluso buscar críticas constructivas de los demás le ayudará a ver perspectivas que quizás haya ignorado anteriormente.

• Los Aries tienden a vivir el momento en la medida en que se olvidan de ver el panorama general. También buscan objetivos constantemente. Esto puede hacer que un Aries parezca ingrato. Practicar la gratitud es una gran actividad.

• Siempre tenemos el poder de decidir. Elija concentrar su energía en lo que tiene en su vida en lugar de concentrarse en las cosas que faltan. La felicidad es un concepto elemental. Puede ser tan simple como la gratitud que siente. Las personas tienden a dirigir demasiado de su tiempo y atención en lo que no tienen. La hierba del vecino siempre es más verde. Si no es una cosa siempre será otra. No hay fin para esta lista de deseos interminables. La vida se ha convertido en una carrera constante por tener lo mejor de todo. ¿Cómo puede ser feliz cuando todo lo que quiere de la vida son más y más cosas? Tómese un momento y aprecie lo que tiene. Solo cuando pueda contar sus bendiciones se dará cuenta de lo afortunado que es. Los seres humanos en general necesitan aprender a ser más agradecidos. Su felicidad depende de su capacidad para estar agradecido. Aquí hay algunas cosas que debe hacer para estar más agradecido en la vida.

• Lleve un diario de gratitud. Complete esto con momentos de sincera gratitud asociados con los eventos más comunes de su día a día. Lo ayudará a sentirse más agradecido. Piense en todos los desafíos que ha superado en la vida. Le ayudará a estar contento con lo que tiene. No puede agradecer honestamente lo que tiene si no recuerda la lucha que tuvo que atravesar para conseguirlo. Aquí hay algunas preguntas que puede hacerse y que le ayudarán con la introspección. Pregúntese: ¿qué ha recibido de la vida, ¿qué le ha dado a la vida y qué problemas ha causado? Estas preguntas le ayudarán a tener una perspectiva de su vida.

• Ya sea en la escuela, la universidad, el trabajo o la vida amorosa, siga los diferentes consejos discutidos en esta sección para ver un cambio positivo. Tiene un gran potencial en su interior, así que decídase y aprovéchelo. Al hacer esto, no olvide ser paciente con el proceso. No se decepcione si no ve resultados instantáneos. Los resultados valdrán la pena, siempre que se comprometa.

Consejos para cúspides

La cúspide Piscis-Aries es una mezcla de valentía y compasión. Son fuertes, instintivos y siempre tienen ganas de seguir adelante en la vida. También son inteligentes, extravagantes y divertidos. Sin embargo, este signo es bastante impaciente debido a su conocimiento intuitivo junto con una mente impulsiva.

Si usted es uno de los que está en esta cúspide, no siempre procesa bien sus pensamientos y tiende a ponerlos en acción antes de comprender sus consecuencias. Un fuerte sentido de empatía y compasión por sus seres queridos lo convierte en un buen oyente. No solo los escucha, sino que también les ofrece buenos consejos. Sin embargo, tiene una perspectiva de la vida completamente diferente. A menos que otros estén dispuestos a compartir esta perspectiva con usted, puede ser un poco desagradable en circunstancias sociales.

Profundizar en los temas es algo natural para usted. Todo lo que necesita es un oyente. Su intuición, junto con un rasgo inherente de aferrarse a sus creencias, puede hacerle excepcionalmente terco, especialmente cuando alguien lo desafía. Por lo tanto, aprenda a dejarse llevar y a disfrutar de la vida tal como es.

El mismo consejo también se aplica a la cúspide Aries-Tauro. Su reacción inicial en cualquier situación es intentar colocarse en una posición de control. Esta característica lo convierte en un buen líder, pero también puede complicarle la vida. Para ser más agradable y mejorar la calidad de las relaciones en su vida, aprenda a dejarse llevar. No sea demasiado duro consigo mismo ni con los demás. Una vez que deje de ser terco, comprenderá lo maravilloso que es cuidar a los demás y compartir cosas con ellos.

Cómo lidiar con Aries en su vida

Aprender a lidiar con Aries en su vida lo ayudará a cultivar relaciones fructíferas, saludables y duraderas. Para hacer esto, necesita comprender a fondo la naturaleza de Aries.

El primer signo del zodíaco tiene una naturaleza increíblemente primaria. Son la encarnación del ego y el libre albedrío en todo su esplendor. Lidiar con la energía ardiente y dominante de un ariano no siempre es fácil. Sin embargo, cualquier relación con ellos es gratificante. Si tiene un Aries en su vida, aquí tiene algunos consejos sencillos que puede usar para mejorar la relación.

• A menudo se compara a Aries con los niños, y con buena justificación. Los niños son egocéntricos, obstinados y llenos de una inocencia optimista. Los nacidos bajo el signo zodiacal del carnero comparten estos rasgos.

• Los arianos son curiosos, francos, cariñosos y emocionantes. En una relación, buscan a una persona que les ayude a enfriar su naturaleza ardiente y equilibre su energía. Sin embargo, rara vez es fácil restringir a un ariano. Una relación ideal para ellos es un equilibrio entre la compasión y la independencia. Necesitan una pareja que atraiga su lado competitivo e inquisitivo y agregue un sentido de aventura y vitalidad a la relación.

• Si usted le gusta a un Aries, prepárese para muchos abrazos cálidos y caricias. Estos son los que no pierden el tiempo y no viven de juegos mentales. En cambio, aceptan el desafío, se mantienen firmes e intentan lograr lo que quieren. Lo más probable es que el ariano no esté muy feliz si necesita compartir su atención y afecto. Lo mejor de un ariano en una relación es su honestidad. Son una pareja leal, fuerte, honesta, emocionante y apasionada en una relación romántica, siempre que estén comprometidos con su pareja y la relación.

• A Aries siempre le gusta tomar la iniciativa en todos los aspectos de la vida. Son creativos y apasionados. Todo esto fluye también en sus vidas románticas. Son coquetos, están llenos de una necesidad de excitación e irradian una inmensa energía. Una vez enamorado, un ariano se comprometerá verdaderamente con la relación. Cada día con un Aries está lleno de sorpresas, emoción y una corriente interminable de amor y afecto.

• Todo esto, como se mencionó anteriormente, tienden a empujarlo hasta el dormitorio. Nunca se sabe lo que sucederá a continuación y un ariano disfruta haciendo que sus compañeros adivinen. Son dominantes, audaces y competitivos. No solo les gusta desafiarse a sí mismos en la cama, sino que también buscan complacer a sus parejas.

• Aries puede parecer duro, fuerte y brusco por fuera. Una vez que atraviese estas capas, se dará cuenta de lo vulnerables que son. Aries generalmente tiene un miedo subyacente de no ser digno de amor. También tienen problemas de abandono y tienden a sentirse heridos fácilmente.

• Un Aries es una de las amistades más satisfactorias que podrá conseguir. Son la encarnación de todo lo que es aventurero, juguetón y feliz. Nada será promedio o normal con un ariano. Son honestos, leales, ingeniosos y uno de los más solidarios de los signos del zodíaco.

• Todos los rasgos que exhibe un Aries son los que busca en sus relaciones en la vida. Aries respeta a las personas que son honestas, tienen integridad y no les importa defenderse.

• Aries son los verdaderos bebés del calendario zodiacal. Rara vez piensan en cómo sus palabras o acciones pueden influir en quienes los rodean. No saben nada de diplomacia y no pueden endulzar sus sentimientos. Por lo general, lastiman a los demás, tratando de proteger su orgullo. Si un Aries está molesto contigo, lo mejor que puedes hacer es mantener la calma. No ceda al impulso natural de reaccionar y déjelo enfriar. Una vez que estén tranquilos, puede hablar con ellos al respecto. Aries puede ser la primera persona que se enoja, pero también es el primero en calmarse.

• Es bastante fácil saber cuándo un Aries está molesto. Aries está destinado a experimentar cambios extremos de humor y ceder a sus emociones. Cuando un ariano está triste, no está enojado, pero permite que la impulsividad se interponga en su camino. Incluso sus niveles generales de energía parecen visiblemente atenuados.

• No se necesita mucho para hacer feliz a un ariano. Les encanta cuando son el centro de atención. Aprecian que los demás se fijen en ellos. Algo tan simple como pasar tiempo con un buen amigo o realizar actividad física puede satisfacer sus necesidades.

• Las personas de este signo son líderes naturales. Siempre buscan aprender y crecer en la vida. Desempeñan múltiples roles en todas las relaciones de su vida. Son felices y se aferran a su sentido del optimismo, incluso cuando las cosas se ponen difíciles.

• En el peor de los casos, Aries es grosero, egoísta y, a menudo, juega a ser el abogado del diablo. Todas sus fortalezas se convierten en sus debilidades cuando están en un mal momento.

• Los Aries a menudo están en conflicto. Buscan aventuras, pero también desean estar al servicio. No pueden lidiar con una vida aburrida y mundana. Sin embargo, también quieren asegurarse de que las relaciones en su vida no sean fugaces. Tienen varias inseguridades que otros quizás no vean. Viven con el miedo constante de ser abandonados por sus seres queridos.

• No trate de poner límites a la libertad expresada por Aries. En cambio, dele todo el tiempo y el espacio que necesita para sí mismo. Una vez que se sienta cómodo con usted, su vida se pondrá interesante.

Conclusión

Todos sentimos curiosidad por aprender más sobre nosotros mismos y el mundo en general. Una forma de saciar esta curiosidad y tener un sentido más fuerte de sí mismo es recurriendo a la astrología. La astrología es un tema maravilloso e increíblemente fascinante. Después de leer la información de este libro, probablemente tenga una mejor comprensión de sí mismo. Puede parecer que todas las piezas finalmente están cayendo en su lugar. No podemos descartar la influencia de los movimientos planetarios y las estrellas.

Desde la antigüedad, los humanos siempre han mirado al cielo en busca de respuestas. Los marineros utilizan la posición de las estrellas para mapear las aguas. De manera similar, aprender sobre astrología ayuda a trazar un rumbo para su destino. Todo lo que necesita es voluntad para aprender y una mente abierta.

En este libro, se le proporciona toda la información que necesita para comprender el signo zodiacal de Aries. Si usted es un Aries o tiene un Aries en su vida, esta información le será útil. No solo le dará una mejor comprensión de sí mismo, sino también de su vida en general. Este libro actuará como guía y aprenderá todo sobre Aries. Desde las características básicas de este signo del zodíaco hasta sus fortalezas y debilidades, los planetas regentes, las casas, los elementos y los colores, habrá mucho para descubrir en estas páginas. También habrá aprendido cómo tratar y criar a un niño Aries, así como leer algunos consejos para ayudarlo a desbloquear su verdadero potencial y ayudarlo a comprenderse mejor.

Además de esto, se le brinda información sobre cómo crear y mantener relaciones saludables, consejos para una buena vida amorosa, una tabla de compatibilidad de Aries con otros signos y todo sobre las relaciones de Aries. También incluye información sobre Aries y su vida social, amistades y cómo funcionan en el mundo. Otra información útil en este libro incluye las opciones profesionales ideales para un Aries, cómo pueden funcionar de manera eficaz y óptima en el trabajo, y los entornos laborales y domésticos ideales. Al usar toda esta información, es más fácil comprender la vida como Aries.

Así que, ¿qué espera? No hay mejor momento como el presente para aprovechar esta información y desarrollar su poder como Aries. Empiece a utilizar los diferentes consejos que se dan en esta sección para vivir una vida feliz y próspera. Las sugerencias prácticas de este libro le ayudarán a mejorar su relación con otros Aries.

Vea más libros escritos por Mari Silva

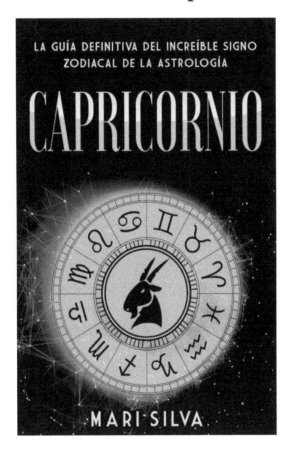

Recursos

About Aries Kids & Young Ones. Sitio web de Astrología Siddhantika: http://www.siddhantika.com/zodiac/aries-

kids-teens

Compatibilidad de amistad de Aries con otros signos del zodíaco. (21 de julio de 2020). Sitio web de Revive Zone:

https://www.revivezone.com/zodiac709/aries-friendship-compatibility-with-other-zodiac-signs/

|||UNTRANSLATED_CONTENT_START|||Aries in love. (n.d.). https://www.compatible-astrology.com/ website: https://www.compatible-astrology.com/aries-in-love.html#:~:text=An%20Aries%20in%20love%20is%20a%20direct%20and%20forthright%20lover.&text=Overall%20the%20excitement%20of%20dating |||UNTRANSLATED_CONTENT_END|||

AstroTwins, T. (7 de agosto de 2017). Gráfico de amor de Aries. Sitio web de ELLE:

https://www.elle.com/horoscopes/love/a56/aries-compatibility/

Davis, F. (19 de marzo de 2019). Cristales de Aries: las 10 mejores piedras del zodíaco para el signo solar de Aries.

Cosmic Cuts

Freeman, K. (15 de octubre de 2017). La mayoría de la gente se equivoca totalmente cuando se trata del planeta regente de Aries. Sitio web de Trusted Psychic Mediums: https://trustedpsychicmediums.com/aries-star-sign/aries-ruling-planet/

Hadikin, R. (21 de noviembre de 2017). Aries Symbol símbolos astrológicos - origen y significado más profundo –

astrology-symbols.com. Sitio web de símbolos astrológicos: https://astrology-symbols.com/aries-symbol/

Hayes, L. 10 formas de amar realmente a un Aries. https://www.beliefnet.com/ sitio web:

https://www.beliefnet.com/inspiration/astrology/2010/02/10-ways-to-really-love-an-aries.aspx

Cómo ser un Aries exitoso | Respuestas de astrología. (21 de marzo de 2017). Sitio web de AstrologyAnswers.com: https://astrologyanswers.com/article/how-to-be-successful-as-an-aries/

Lapik, E. (13 de mayo de 2020). 20 rasgos y características positivos y negativos de la personalidad de Aries.

Astromix.net / Sitio web del blog: https://astromix.net/blog/aries-traits/#Positive_traits

Lantz C, P. Famosas personalidades de Aries y rasgos comunes. Sitio web de LoveToKnow:

https://horoscopes.lovetoknow.com/Aries_Personalities

Mesa, V. (3 de mayo de 2019). Esto es lo que el significado de los elementos en astrología puede revelar sobre su personalidad. Sitio web de Elite Daily: https://www.elitedaily.com/p/the-meaning-of-the-elements-in-astrology-will-help-you-understand-your-personality-traits-17296359

Morgan. (21 de noviembre de 2018). Los 10 mejores trabajos de Aries | Dinero y carrera | Pregunte al Blog de Astrología. Sitio web de Ask Astrology: https://askastrology.com/top-10-aries-jobs/

Ratay, E. (12 de mayo de 2017). 12 razones por las que un Aries es el MEJOR amigo que nunca supo que NECESITABA. Sitio web de YourTango: https://www.yourtango.com/2016294396/aries-best-friend-you-never-knew-you-needed-BFF-zodiac-astrology

Rose, E. (22 de marzo de 2019). Una guía para principiantes para salir con un Aries. Sitio web de StyleCaster:

https://stylecaster.com/aries-relationships/

Stone, C. (28 de marzo de 2017). Consejos de relaciones para Aries | Respuestas de astrología. Sitio web de

AstrologyAnswers.com: https://astrologyanswers.com/article/relationship-tips-for-aries/

Lightning Source UK Ltd.
Milton Keynes UK
UKHW022023060521
383282UK00003B/482

9 781638 180791